Impressum

1. Auflage, Dobbin-Linstow, 2017

Einband/Satz/Illustrationen:
WerbeGrafikDesign • Andrea Sommerfeld

Printed in Germany
ISBN: 978-3-00-056095-8

Ann Louise Preuß

Das Tier muss weg

Illustrationen:

Andrea Sommerfeld

SCHÖNSEE
VERLAG

Hinkelmanns Welt in kleinen Schritten

Herr Hinkelmann fast einen Entschluss 7
Herr Hinkelmann weiß, was er will 19
Herrn Hinkelmann läuft der Plan aus dem Ruder 24
Herr Hinkelmann kommt wieder auf Spur 33
Herr Hinkelmann gerät an die Polizei 38
Herr Hinkelmann handelt gezielt 43
Herr Hinkelmann steckt in der Warteschleife 50
Herr Hinkelmann kann auch anders 57
Herr Hinkelmann fühlt sich vorgeführt 65
Herr Hinkelmann entlässt Frau Adomeit 74
Herr Hinkelmann gibt eine Bestellung auf 78
Herr Hinkelmann bleibt in Kontakt mit der Polizei 88
Herr Hinkelmann muss der Wahrheit ins Gesicht sehen 97
Herr Hinkelmann will es endgültig wissen 107
Herr Hinkelmann gerät in eine hocherwünschte Lage 111
Herr Hinkelmann findet keinen Frieden 123
Herrn Hinkelmann geht ein Licht auf 131

Zur Autorin *143*
Zur Illustratorin *143*

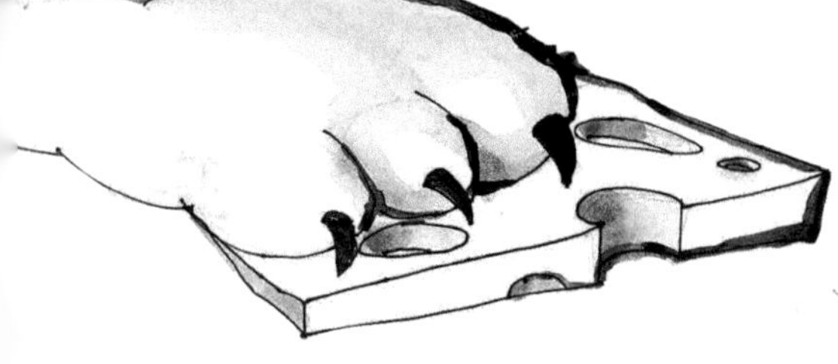

Herr Hinkelmann fasst einen Entschluss

Es war Dienstag, der zweite Ferientag in Herrn Hinkelmanns Urlaubswoche. Die Müllabfuhr leerte gerade die Mülltonnen, „Radio Quakenbrück lebt“ verbreitete die Neun-Uhr-Nachrichten, und eigentlich entwickelte sich ein ganz normaler Morgen, bis Herr Hinkelmann sich während seines Frühstücks beim Schnittkäse bedienen wollte und ins Leere griff. Da war kein Käse, den er greifen konnte. Er starrte auf die Verpackung ohne Käsescheiben.
Leer, nichts, nada!
Der Ziegenkäse war aus. Wieder einmal! Alles verfüttert und aufgefressen von Tante Friedas Kater in nur drei Tagen! Das ganze Päckchen! Alle einhundertfünfzig Gramm!
Es war nicht auszuhalten!
Warum war er auch leichtsinnig auf Tante Friedas testamentarische Regelung eingegangen?
„Ich vermache dir meine Uhrensammlung“, hatte sie verfügt, „aber nur unter einer Bedingung …“
Und die Bedingung hatte er jetzt in Gestalt eines Katers am Bein, während vierundzwanzig Wanduhren (zwanzig Regulatoren und vier Kuckucksuhren) Herrn Hinkelmanns Treppenaufgang zierten. Und Siegesmund, Tante Friedas lebendigstes Erbstück, wenn man von den schreienden Kuckucken absah, die durchaus auch mit Leben erfüllt waren, hing Herrn Hinkelmann nicht nur am Bein, sondern vor allem zum Hals heraus mit seiner rücksichtslosen Gefräßigkeit.
Dieser von Tante Friedas Hand verwöhnte Kater erschlich sich beim Frühstück, was ihm überhaupt nicht zustand: scheibenweise Ziegenkäse!

Und immer lief es nach dem selben Muster ab!
Siegesmund, schon sein Name hätte eine Warnung sein müssen, schlich unter ständigem Körperkontakt um Herrn Hinkelmanns Beine und erinnerte ihn daran, dass er auch noch da war. Und was nützte es Herrn Hinkelmann, dass er seinen Blick durch die geöffnete Küchentür auf die Uhrensammlung richtete und nach Trost suchte?!
Er hatte nunmal den Deal gemacht.
Ja!
Aber … nein!
So ging es unmöglich weiter!
Nicht mit ihm!
Nicht in seinem Haus!
In Herrn Hinkelmanns Gehirn machte es nach einigen Sekunden „rums“, und dann stand ihm die Lösung des Problems als kurzer, knapper Satz vor den Augen:

Das Tier muss weg!

Und nur um seinen Entschluss rational zu untermauern, begann Herr Hinkelmann eine Rechnung aufzustellen: Dosenfutter fünfzig Cent mal 365 Tage im Jahr, macht, Schaltjahre unbeachtet, 182 Euro und fünfzig Cent, zuzüglich zwei Sack Katzenstreu monatlich und Katzenpension an zirka dreißig Tagen pro Jahr, macht summa summarum vierhundert Euro mal verbleibende Lebenserwartung von im schlechtesten Fall zehn Jahren, alles ohne Arztkosten, versteht sich, macht vier tausend Euro, falls Siegesmund zeitgerecht versterben sollte.
Aber auch nur falls!
Denn sein Zahnstatus signalisierte Herrn Hinkelmann deutlich etwas anderes. Zahlen sprechen Bände, Zahlen sprechen

für sich, dachte Herr Hinkelmann und lehnte sich zurück.
Es bestand unmittelbarer Handlungsbedarf. Aber auf das Wie kam es eben an. Trotz aller Dringlichkeit wollte er nichts überstürzen.
Er schaute durch die Küche.
Da lag der satte Siegesmund vor dem Küchenherd auf dem warmen Fußboden und leckte sich die Vorderpfoten, dann den Rücken, dann unter noch größeren Verrenkungen das Bauchfell. Gerade jetzt war er wieder mal einigermaßen niedlich.
Klar!

Aber nicht, wenn er ihm den Ziegenkäse wegfraß.
Dann war er abscheulich!
Oh, du liebes Tier! Alles hat seine Zeit!
Und der Kater geht so lange zum Brunnen, bis er sich etwas bricht.
Herr Hinkelmann dachte da in erster Linie an das Genick.
Aber wie?
Im Hinblick auf das anzuwendende Verfahren war er unentschlossen und völlig offen. Aber irgendetwas würde ihm schon einfallen. Da war er sich sicher.

*

Das gleichmäßige Ticken der Wanduhren entließ Herrn Hinkelmann auf eine gedankliche Reise. Gelegenheit macht Hiebe, dachte er. Erschlagen allerdings wollte er das Tier nicht. Auch nicht erwürgen. Die Vorstellung selbst an den Kater Hand anlegen zu müssen, um zu einer Lösung zu gelangen, hatte etwas eindeutig Unerfreuliches für den neuberufenen Tierfreund. Zu oft hatten seine Hände in den vergangenen Tagen Siegesmunds weiches Flauschfell gestreichelt oder zärtlich sein Hälschen gekrault. Bei dieser Sorte Handkontakten wollte er es dann auch unbedingt belassen.
Schließlich war er kein Mörder!
Eher verstand er sich als so eine Art indirekter Todesengel.
Vielleicht würde er ihn einfach gegen Mittag irgendwo aussetzen, ging es ihm durch den Kopf. Eine faire Lösung, wie er fand, und sicherlich für beide Seiten das Beste. Siegesmund würde noch den Vormittag im Warmen verbringen können, und er selbst würde schon das Mittagessen in aller Ruhe, weil

endlich für sich allein und ohne störende Beinkontakte, genießen können.
Oder, fiel es ihm ein, und er freute sich, sogar noch eine Alternative gefunden zu haben, er würde plötzlich verreisen und das Tier einfach im Haus vergessen. Die Tat kostete keinerlei zusätzliche Mühe oder Aufwand und hatte obendrein noch den Anstrich von fein dosierter Tragik. Alle würden von einem typischen Unfall sprechen, wie er leider vorkommt, wenn Menschen in Eile und Hetze eine Reise antreten und etwas im Haus vergessen.
In diesem Fall war es eben der Kater!
Allerdings würde er bei dieser Vorgehensweise das tote Tier bei seiner Rückkehr selbst auffinden und Siegesmunds erkalteten Körper persönlich beseitigen müssen.
Kein wirklich schöner Gedanke!
Und auch ein hinderlicher, wenn er an die besseren Momente dachte, die er mit dem Tier in den letzten Tagen verbracht hatte. Nein, diese Vorstellung empfand er als unangenehm und fast auch als ein wenig pietätlos gegenüber dem neuen Hausgenossen.
Siegesmund hatte Besseres verdient!
So ging man nicht mit einem Haustier um!
Jedenfalls er nicht!
Dann wäre also Idee Nummer eins in jedem Fall die angenehmere Lösung. Kein Kontakt mit der Tierleiche und auch kein Problem mit der Entsorgung des Tierkadavers!
Die Vorteile des Aussetzens lagen für Herrn Hinkelmann klar auf der Hand! Aber hatte er auch alle Eventualitäten berücksichtigt? Noch war er sich nicht völlig sicher. Er strengte sich an und suchte mit aller Macht das Haar in der Suppe.

Und fand es!
Denn auf einmal stellten sich auch bei Lösung Nummer eins gewisse Zweifel ein.
Was, wenn man den Kater aufgreifen und ihn als Besitzer ermitteln würde? Möglicherweise würde man das Tier sogar mittels Polizeistreife bei ihm abgeben.
„Hier! Das ist doch Ihr Kater, Herr Hinkelmann!“, würde der Polizist sagen, „Sie haben Glück, dass das Tier unverletzt aufgefunden wurde. Nicht immer geht die Suche nach einem vermissten Hausgenossen so gut aus!“
Man würde ihn womöglich noch als Glückspilz bezeichnen, und er würde sich dann wie ein Glückspilz verhalten müssen, freudig überrascht über die Rückkehr seines Haustiers und mit Tränen in den Augen. Er würde Siegesmund zumindest dem Anschein nach liebevoll in die Arme schließen müssen, und der Kater würde auf seine Heuchelei natürlich entsprechend reagieren, ihn anfauchen oder im schlimmsten Fall sogar beißen. Und darüber würde sich der Polizist dann bestimmt wundern, und er würde genötigt sein, mit zusammengebissenen Zähnen eine Erklärung abzugeben. Zum Beispiel: „Och, wissen Sie, das ist bloß die Aufregung. Für das arme Tier ist das alles zu viel. Eigentlich ist Siegesmund ein ganz lieber Kater, glauben Sie mir!“
Der Streifenwagen würde abfahren, während er winkend und mit dem Kater im Arm dastehen würde. Und schon würde das ganze Problem, weil nicht beseitigt, sondern auf seinem Arm, wieder von vorne losgehen!
Nein, hier befand er sich eindeutig im Risikobereich zweier Extrempole! Erfolg oder Scheitern.
Aus diesem Risikobereich musste er heraus!

Er brauchte bei der Beseitigung unbedingt Sicherheit!
Und ein Inserat? tickte es ihm durch den Kopf, ein Inserat mit seiner Telefonnummer zur Kontaktaufnahme?
Könnte das die Lösung sein?
Dass ich nicht gleich darauf gekommen bin!
Viele Probleme wurden über Inserate gelöst. Familienzusammenführungen beispielsweise, aber auch jede Menge Trennungen oder Auflösungen aller Art.
Der richtige Text konnte da durchaus Wunder bewirken, wenn er natürlich entsprechend sachlich und ohne Vorspiegelung falscher Tatsachen verfasst war. Etwa:

Kater mittleren Alters sucht neuen Wirkungskreis,
Kost und Logis inbegriffen

Keine schlechte Sache! Ganz und gar nicht!
Mir scheint, da habe ich es jetzt!
Hatte er nicht mit dieser Lösung einen punktgenauen Treffer gelandet? Sicher für sich und todsicher für Siegesmund.
Ein knapper Text, der eigentlich alles Wissenswerte enthielt, grundehrlich und unverstellt. Schließlich kann der Normalbürger bei Anzeigen erwarten, dass auch immer zwischen den Zeilen zu lesen ist!
Er konnte ja nicht für alles und jeden die Verantwortung übernehmen! Letzten Endes wollte er niemanden übervorteilen.
Aber wer oberflächlich liest, ist selbst schuld!
Jetzt war Herr Hinkelmann schon in einem Zustand beginnender Euphorie. Nun schwenkte die Sache für ihn ins Aussichtsreiche.
Gewiss ließ sich über ein Inserat schnell ein Nachfolger finden!

Vielleicht fänden sich auf diesem Wege sogar mehrere Interessenten.
Wie viele würden es wohl werden?
Doch wohl nicht zu viele!
Er würde einfach jedem Anrufer dasselbe sagen. So war es am gerechtesten. Er würde sagen:
„Guten Tag, der Herr oder auch die Dame, Sie sind der soundsovielte Anrufer für meinen lieben Siegesmund.
„Meinen“ musste er schon sagen, sonst wirkte er als Tierhalter unglaubwürdig.
Ich will fair zu Ihnen sein. Deshalb mein Rat:
Beeilen Sie sich!
Wer zuerst kommt, mahlt zuerst.“
Und schon würde sich jeder eiligst auf den Weg zum Kater machen.
Und dann? Herr Hinkelmann dachte nach. Bei der Übergabe würde er gewiss nach den Gründen für die Abgabe gefragt werden.
„Ein niedliches Tier! Sie haben bestimmt triftige Gründe, dass Sie sich von ihm trennen!? So etwas fällt einem ja nicht leicht.“
Triftige Gründe?!
Und wie er die hatte!
Er würde nickend zustimmen, und sofort würde man ihn mit einem Angebot trösten wollen, sozusagen von Tierfreund zu Tierfreund: „Sie können aber Ihren Siegesmund gern bei uns besuchen kommen, wenn Sie den schmerzlichen Abschied von Ihrem lieben Tier mal irgendwann nicht aushalten. Sie können Ihren Kater jederzeit bei uns wiedersehen!“
Du lieber Gott!

Genau, was er nicht wollte!
Genau, was nicht passieren durfte!
Was aber würde er antworten?
Da war seine ganze Geistesgegenwart gefragt. Würde er sagen: Nein, das wird nicht gehen, weil ich wegziehe, nächste Woche schon!?
Wohl eher nicht, weil es überhaupt keine gute Erklärung war, denn er würde vermutlich zu hören bekommen: „Und warum nehmen Sie das Tier nicht mit? Weil Sie keine Katzen halten dürfen? Aber dann hätten Sie doch einen anderen Vermieter suchen können?"
Hätte! Hätte!
Das würde er zu hören bekommen.
Jede Wette!
Da war also auch das Inserat keine funktionierende Lösung, jedenfalls keine sichere. Da hatte er die Lösung schon so gut wie in Reichweite gehabt und musste jetzt feststellen, dass sie nicht pannenfrei umzusetzen war.
Weder die eine, noch die andere!
Immer wieder drehte er neue Kurven auf seiner Gedankenbahn und verpasste sich selbst am Ende einen Strich durch die gemachte Rechnung.
Es war nicht zu fassen!

*

Und nicht nur, dass Herrn Hinkelmanns Gedanken kreisten und kreisten, auch auf den Kater hatte sich Unruhe übertragen. Siegesmund fing nun an, wie wild seinen eigenen Schwanz zu jagen, und drehte sich dazu lebhaft um sich selbst.

Wollte das Tier ihm auf diese Weise etwas mitteilen? Vielleicht eine Handlung, deren Bedeutung zu entschlüsseln war? Selbstmordabsichten schloss er allerdings kategorisch aus! Vielleicht irgendein Kreiszauber?
Das Verhalten war merkwürdig. Herr Hinkelmann konnte sich keinen Reim darauf machen, und deshalb brach er an dieser Stelle seine Gedankenaktivitäten ab und stand auf.
Augenblicklich stoppte Herrn Hinkelmanns Positionswechsel Siegesmunds Kreisrennerei. Aus Katersicht war nun das Ende des Frühstücks signalisiert. Somit machte es für das Tier auch keinen Sinn, weiterhin verspielt zu tun und auf Essbares vom Frühstückstisch zu warten. Der Käsejäger konnte die Warteschleife verlassen und schaltete deshalb in den Nach-dem-Frückstück-Modus.
Vollgekreiselt mit Adrenalin rannte Siegesmund zur Terrassentür. Er wollte genau jetzt zwecks Adrenalinabbau hinaus in seine bunte Abenteuerwelt, was hieß, dass er draußen auf Vogeljagd gehen würde.
Auch so ein Ding, das Herrn Hinkelmann überhaupt nicht passte. Vögel waren in ihrer bunten Vielfalt eine Augenweide für Herrn Hinkelmann und bereicherten mit ihrem Gesang Herrn Hinkelmanns Gartenidylle, die allerdings durch Siegesmunds Streifzüge um Buchsbaumhecken und Deckung bietende Blumenkübel empfindlich gestört wurde. Seit Siegesmunds Einzug in sein Haus blieben nämlich die Vögel weg, sobald seine Plumpsfigur draußen auftauchte.
Plumpsfigur deshalb, weil die Tierärztin bei Siegesmunds Kastration schlechte Arbeit geleistet hatte. Seitdem schlenkerte sein Bauchfell, das im weiten Bogen unter seinem Bauch durchhing, bei jedem seiner Schritte unattraktiv mit.

„Heute bleibst du drin", verfügte Herr Hinkelmann, und Siegesmund schaute ihn mit dem typischen Katerblick erwartend an. Wann wurde Siegesmund denn endlich die Terrassentür geöffnet?
Was war denn da heute das Problem, dass es so lange dauerte?
„Du bleibst heute drin! Ich entscheide das so", knurrte der Hausherr hörbar vor sich hin und dachte an seinen Ziegenkäse. Er hatte hier das Sagen. Er war der denkende Mensch mit Intelligenz und Umsicht. Aber dann wurde Herrn Hinkelmann aufgrund seiner Intelligenz und Umsicht klar, dass bei Siegesmunds Aufenthalt im Haus so gar keine Chance auf Katerverlust bestand.
Da war ein Gartenaufenthalt doch eindeutig aussichtsreicher. Vielleicht sogar die Chance schlechthin?!
Weniger ging Herr Hinkelmann davon aus, dass Siegesmund bei Kletteraktionen von der Pergola fallen würde, weil es höchst unwahrscheinlich war.
Allerdings bestand die Möglichkeit, dass er in einen Zweikampf mit Amadeus, dem Protzkater seines Nachbarn Kloppstock, verwickelt werden könnte.
Diese Möglichkeit war doch immerhin in Betracht zu ziehen. Nun dachte Herr Hinkelmann über Eventualitäten nach.
Würde es zu einem Zweikampf kommen, würde Siegesmund möglicherweise (und hoffentlich) unterliegen, und zwar (nochmals hoffentlich) mit Bisswunde ins Hinterteil. Bisswunden von anderen Katzen hatten nämlich die gute Eigenschaft, gefährliche Abszesse zu entwickeln, die im besten Falle dann tödlich endeten.
Diese Chance, den Kater loszuwerden, wollte Herr Hinkel-

mann auf keinen Fall auslassen. Alles musste man als Lösung in Betracht ziehen, einfach alles. Er wollte jede auch noch so kleine Aussicht auf Katerbeseitigung zu einem Befreiungsschlag nutzen.
Zu seinem Befreiungsschlag!
So konnte die Lösung des Problems aussehen!
Denn Amadeus wollte sein angestammtes Territorium nach wie vor nicht mit dem Neuankömmling Siegesmund teilen.
So viel war klar!
In der Hoffnung, dass Kloppstocks Haustier baldigst erscheinen würde, öffnete nun Herr Hinkelmann für Siegesmund die Terrassentür.
Der wiederum signalisierte mit steil aufgerichtetem Katerschwanz seinen unmittelbaren Dank und war auf und davon.

Herr Hinkelmann weiß, was er will

Eigentlich hatte Herr Hinkelmann sich für den Vormittag vorgenommen, seinen Rasen zu mähen. Angesichts des anstehenden Zweikampfs zwischen den beiden Katern hielt er sein Vorhaben jetzt jedoch für kontraproduktiv. Er sah es als nicht förderlich an, wenn er seinen lauten Benzinmäher über den Rasen schieben würde. Das sensible Gehör der Tiere würde durch laute Geräusche, Fehlzündungen gar nicht eingerechnet, nur gestört und die gegenseitige Ortung gewiss nur erschwert.

Nein, da ließ Herr Hinkelmann den beiden hoffentlich hochaggressiven Kontrahenten lieber ihre friedliche Gartenstille und nahm liebend gern Rücksicht, schon allein wegen des Erfolgs der Sache. Er würde einfach warten, bis es so weit war. Und was er nicht machen würde, wusste er allerdings auch schon:

mit Siegesmund zum Tierarzt fahren!

Er hatte jetzt viel Zeit, die er sich bewusst nahm, um in aller Ruhe über das eine oder andere nachzudenken.

Einkaufen, zum Beispiel, war ja auch noch geplant. Die Einkaufsliste hatte er schon zusammengestellt. Ihm fiel zwar im Moment nichts ein, was er noch brauchen könnte, aber er wollte vorsichtshalber die Einkaufsliste noch einmal durchgehen. Sie lag vor ihm auf dem Küchentisch. Ruhig studierte er die einzelnen Posten und griff schon im nächsten Augenblick nach seinem Kugelschreiber, um zu streichen, was sich seiner Meinung nach für die Zukunft erübrigte:

Position vier: Katzenfutter!

Da bin ich jetzt einfach mal optimistisch, dachte er, und

schrieb noch ergänzend unter die letzte Position seiner Liste: Ziegenkäse in Scheiben und am Stück.

*

Dann hatte Herr Hinkelmann wieder viel Zeit und schaute aus dem Fenster.
Hatte er nicht gerade eben Siegesmunds silbrig glänzendes Fell hinter der Putte am Goldfischteich verschwinden sehen?
Er war sich nicht sicher, hielt es jedoch aufgrund gemachter Erfahrungen für wahrscheinlich.
Aber was spielte das jetzt noch für eine Rolle?
Mit einem Quäntchen Glück würde am Ende des Tages alles anders für ihn aussehen, alles um einiges besser, nicht nur für ihn, sondern auch für die fünf verbliebenen Goldfische seines Gartenteichs.
Je länger Herr Hinkelmann seine Augen durch den Garten wandern ließ und darauf wartete, dass etwas passierte, desto mehr gefiel ihm sein liebevoll angelegtes Idyll mit den bunten Blumenrabatten.
Was für ein herrlicher Garten!
Alles kunstvoll angelegt und sehr, sehr schön!
Und ohne Siegesmund demnächst noch viel schöner!
Wühlte Siegesmund nicht ständig an irgendwelchen Stellen Vertiefungen für seine Haufen und schleuderte dabei rücksichtslos Erde aus den Rabatten auf die Wege?
Sozusagen der Garten als großes Katzenklo!
Damit war dann ja auch schon am Abend endgültig Schluss!
Aber bloß, wenn alles optimal lief.

Und so optimal lief es im Moment gar nicht, denn es passierte ja nichts.
War es denn denkbar, dass draußen zwei Kater durch ein und den selben Garten streiften, ohne sich zu begegnen?
Musste ja! Denn wie sonst war die Panne zu erklären?
Aber eine Panne konnte sich Herr Hinkelmann in seiner angespannten Situation nun wirklich nicht erlauben.
Der Plan musste aufgehen!
Und wenn er nicht aufging?
Dann musste man eben konkret nachhelfen, folgerte Herr Hinkelmann, wusste aber noch keineswegs wie. Zugegebenermaßen war es ihm zu keiner Zeit ein Anliegen gewesen, irgendeinen Kater auf seinem Grundstück patrouillieren zu sehen, und zwar weder den seines Nachbarn, noch Tante Friedas erbliche Hinterlassenschaft. Ganz das Gegenteil war der Fall gewesen. Bisher hatte er immer ein Riesentheater gemacht, wenn der Protzkater seines Nachbarn mit dem musikalischen Namen Amadeus zu ihm herüber geschlichen kam, um Beute zu machen.
„Der hat sein eigenes Gelände, wo er jagen kann! Pfeifen Sie ihn zurück, Ihren Amadeus!“, hatte er seinem Nachbarn angeraten. Und Herr Kloppstock hatte es in aller Regel vorgezogen, seinen Amadeus im Haus zu halten, zumindest hin und wieder.
Es war aber auch vorgekommen, dass Herr Hinkelmann das Tier doch erwischt hatte, meist wenn Amadeus am Goldfischteich in Deckung gelegen hatte. Dann hatte Herr Hinkelmann erstens zum Gartenschlauch gegriffen und zweitens zum Telefon und hatte Herrn Kloppstock von der Sachlage eiligst in Kenntnis gesetzt. Angemessen unfreundlich, versteht sich.

„Ihr Amadeus betreibt mal wieder illegalen Grenzverkehr, wissen Sie das? Er liegt am Pool und schaut den Goldfischen zu!“
Pool hatte er bewusst gesagt, weil er bei seinem Nachbarn den Verblüffungsfaktor wirken lassen wollte.
Was? sollte Herr Kloppstock denken, der hat sich zwischenzeitlich einen Pool geleistet? Hat der denn überhaupt das Geld dazu?
Und die wenigen Sekunden, die Herr Kloppstock brauchte, um Wahrscheinlichkeiten zu überprüfen und das Ergebnis „nein, kann ja wohl nicht sein“ zu erhalten, schafften dann schon genug Luft für einen saftigen Positionsvorteil in der nachbarlichen Auseinandersetzung.
So fädelte man Erfolge ein!
Jetzt aber standen die Dinge völlig anders.
Amadeus hatte sich bisher nicht sehen lassen, weder am Goldfischteich, noch in der Vogelaufenthaltszone rund um das Futterhäuschen.
Und was half es da, in alten Erfolgen zu schwelgen, wenn neue nicht in Aussicht standen.
Da war er durch und durch Realist!
Siegesmund musste weg!
Das war die blanke Faktenlage!
Und er war jedem Für und Wider nachgegangen!
Allerdings ohne jedes Resultat!
Nichts hatte sich bisher getan, und die Zeit tickte, wofür besonders die vier Kuckucksuhren der Beweis waren. Mahnten sie Herrn Hinkelmann nicht mit ihren fleißig herausschauenden Vögelchen, dass hinsichtlich Tante Friedas Kater etwas passieren musste?
Nur, zum Kuckuck! Wie?

Herr Hinkelmann spürte förmlich, wie in seinem Innersten Regeln und gute Vorsätze weich wurden und dahinplätscherten.

Wegen eines Katers!

Aber noch stieß sich Herr Hinkelmann an der Absurdität der Situation, die ihn in Gestalt von Herrn Kloppstock angrinste, wenn er ihm sein Anliegen vortragen würde! Er sah es förmlich vor sich, wie sich Genugtuung auf Kloppstocks ganzem Gesicht breitmachen würde. Oder schlimmer noch:

Schadenfreude!

„Wie? Herr Hinkelmann, Sie wollen, dass ich meinen Amadeus zu Ihnen hinüber schicke? In Ihren Garten? An Ihren Teich?

Oh, entschuldigen Sie, wenn ich mich falsch ausdrücke, weil ich „Teich“ sage. Sie haben ja mittlerweile einen Pool!

Sie wünschen also, dass ich meinen Amadeus zu Ihnen an den Pool schicke?

Aber gerne doch!

Mit oder ohne Badehose?“

Fast war es nicht zum Aushalten, wenn Herr Hinkelmann sich den Triumph vorstellte, den sein Nachbar bei jedem ähnlich gelagerten Satz auskosten konnte.

Aber gab es eine Alternative?

Herr Hinkelmann wusste keine. Und weil Sentimentalitäten nicht sein Ding waren, machte er sich Zähne knirschend auf den Weg, zuerst zur Garderobe und dann nach nebenan zu seinem Nachbarn.

Herrn Hinkelmann läuft der Plan aus dem Ruder

Herr Hinkelmann hielt schon die Klinke der Haustür in der Hand. Da fiel ihm auf, dass es im Windfang ausgesprochen unangenehm roch.
Katerpisse, das kann nur Katerpisse von Amadeus sein!
Dass dieser Türpinkler aber auch nicht davon abzuhalten war, seine stinkenden Duftmarken zu setzen.
Regelmäßig entfernte Herr Hinkelmann aufwändigst die Pfützen auf seiner Türschwelle, die seine Person überhaupt nichts angingen, weil sie Siegesmund galten. Der sollte sich ja in erster Linie über Amadeus' Ausscheidungen aufregen, was ja auch jedes Mal wie selbstverständlich gelang. Quasi wie angezündet, lief Siegesmund dann hinüber zu Herrn Kloppstocks Haustür, um nun seinerseits mit Rache gesteiftem Schwanz eine identisch platzierte Duftmarke zu setzen. Das demütigte dann im Gegenzug Amadeus, sodass für den Moment erst einmal Gleichstand herrschte, bis eine neue Runde eingeleitet wurde..
Eiligst öffnete Herr Hinkelmann die Haustür und fand sich bestätigt. Der Protzkater seines Nachbarn hatte es doch tatsächlich wieder gewagt.
Wie dem auch sei!
Diese Pfütze war absolut ärgerlich, und den größeren Teil, den Löwenanteil des Ärgers sozusagen, übernahm wie immer Herr Hinkelmann, weil er am besten mit Wasser und Schrubber umgehen konnte.
Anstatt stundenlang auf dem Naturstein herum zu schrubben, um den Gestank zu entfernen, sollte man, weil es der

geringere Aufwand wäre, den Kater erschlagen!
Aber dann schoss es Herrn Hinkelmann durch den Kopf.
Geht ja nicht! Nicht bei der neuen Faktenlage!
Der pissende Kater, der ihm seit Siegesmunds Anwesenheit die Haustür ruinierte, war schließlich fest in Herrn Hinkelmanns Das-Tier-muss-weg-Strategie einplant, und dies nicht tot, sondern in allen seinen Körperteilen munter und lebendig! Anders ging es ja auch gar nicht!
Herr Hinkelmann schloss wieder die Tür. Er hatte an seiner Lage so etwas wie eine Zwickmühle entdeckt, aus welcher er, wie bei Zwickmühlen üblich, nicht mehr herauskam. Um Siegesmund loszuwerden, musste er Kloppstocks Kater ab sofort in seinen Garten lassen und tapfer ertragen.
Genau so sah es aus!
Oder noch schlimmer?
Er hatte einen riesengroßen Denkfehler gemacht, weil er das Verhältnis der beiden Kater total falsch eingeschätzt hatte. Die Türpinkelei war nur ein Ablenkungsmanöver, mit dem er von den Tieren bewusst auf eine falsche Fährte gelockt worden war. Es gab gar keine Rivalen, die sich gegenseitig herausforderten.
In Wirklichkeit sah die Lage ganz anders aus.
Die beiden Zankpinkler hatten sich hinter seinem Rücken gegen ihn verbündet, und er war der Trottel, mit dem sie ihr Katz-und-Maus-Spiel betrieben.
Womöglich lachten die vermeintlichen Erzfeinde jetzt schon gemeinsam über ihn, weil sie ihn aus ihrer Sicht in der Pfote hatten.
Gewissermaßen ein Komplott unter Haustieren!
Geschmiedet gegen ihn!

Um sich zu beruhigen und zwecks Aufmunterung, verpasste sich Herr Hinkelmann einen gedanklichen Stoß.
Handeln!
Jetzt erst mal gezielt handeln und Katerpisse entfernen!
Mit dieser Idee war er zumindest schon einmal aus der Das-Denken-tötet-das-Handeln-Phase heraus.
Aus seinem Putzschrank holte er Schrubber und Eimer. Er füllte den Eimer zur Hälfte mit Hand warmem Wasser, angereichert mit einem gut dosierten Spritzer Starkreiniger. Vor seinen Augen schäumte es im Eimer, und Herr Hinkelmann entschloss sich, doch besser gelbe Gummihandschuhe anzuziehen.
Er öffnete die Tür, und dann passierte wieder einiges und alles gleichzeitig.
Herr Hinkelmann schrie:
„Nein!“ und Siegesmund zischte an ihm vorbei ins Haus und verschwand ungehindert nach oben, wo der Kater nun wirklich nicht hingehörte. Für Herrn Hinkelmann der Supergau! Denn nicht nur, dass er Amadeus’ Katerpisse entfernen musste. Jetzt durfte er auch noch Siegesmund durch die oberen zwei Etagen jagen, bis er ihn irgendwann gefasst hatte.
Dass der Kater für oben Etagenverbot hatte, lag an Siegesmunds ausgedehnten Zerstörungstouren durch Herrn Hinkelmanns Haus, die schon am ersten Tag seines Aufenthalts begonnen hatten.
Manches hatte Herr Hinkelmann dem Tier verziehen, aber eben nicht alles. Zum Beispiel nicht, dass er sich eine von Herrn Hinkelmanns Sammlerpuppen mit Echthaar geschnappt und über mehrere Stunden völlig unansehnlich gespielt hatte. Das war dann doch zu viel gewesen und hatte

dazu geführt, dass Siegesmund seit diesem Fauxpas nur im Parterre Aufenthaltserlaubnis hatte.
Und natürlich im Keller, der aus der Sicht des Katers aber völlig uninteressant war.
Was half es Herrn Hinkelmann, dass er sich minutenlang bewusst machte, dass der Kater nicht nach oben gehörte, wo sich das Tier doch schon seit geraumer Zeit oben befand.
Dadurch würde Siegesmund gewiss nicht aus seinem Versteck kommen, und schon gar nicht würde er freiwillig wieder zurück ins Parterre schleichen.
Die nun einsetzende Suche nach Siegesmund war Teil eines Spiels, das der Kater nur zu gern mit seinem Tierhalter trieb.
Und Herr Hinkelmann, soviel war klar, hatte in diesem Spiel die völlig falsche Karte gezogen, was er sich in diesem Moment Zähne knirschend eingestand.
Das Tier muss weg!
Klar!
Und am besten sofort!
Auch klar!
Aber was die Umsetzung dieser Wunschvorstellung betraf, so war Herr Hinkelmann zu diesem Zeitpunkt keinen Schritt weiter.
Ganz das Gegenteil war der Fall.
Eher ging es gerade auf dem Lösungsweg rückwärts.

*

Für ein Weilchen war der vollständige Herr Hinkelmann außer Gefecht gesetzt. Weder, dass er etwas dachte, noch dass er etwas machte.

Diese Phase war dann für den Hausbesitzer irgendwann vorbei, und es ging zum Glück wieder mit Herrn Hinkelmann aufwärts, nämlich die Treppe hoch und in die erste Etage.
Als Erstes waren die Schlafräume dran. Hier bestand größere Wahrscheinlichkeit, dass der Kater anzutreffen war, als beispielsweise im gar nicht kuscheligen Bad. Wie er feststellte, war die Tür zu seinem Schlafzimmer lediglich angelehnt, was die Möglichkeit, den Kater gemütlich im Bett zu erwischen, einerseits steigerte, andererseits aber auch nicht.
Das bewies noch gar nichts, wie Herr Hinkelmann aus anderen Suchaktionen wusste. Siegesmund verstand sich darauf, völlig folgenlos durch Türspalten zu schlüpfen, folgenlos deshalb, weil man es der Breite des Türspalts hinterher nicht ansehen konnte, ob der Kater zuvor durchgeflutscht war.
Aber auf dem Bett war er nicht und auch nicht unter dem Bettzeug! Dann musste er hier nicht weitersuchen. Soviel war klar. Somit ging das Spiel in einem anderen Zimmer weiter.
Aber in welchem?
Auf der Etage gab es noch zwei weitere Räume, ihre Türen waren jedoch fest verschlossen.
Wozu sollte er dort nachsehen?
Hier konnte der Kater eigentlich nicht sein!
Außer er verstünde sich neuerdings darauf, Türen auch noch zu verschließen?
Oder gar durch Wände zu gehen?
Aber darüber wollte Herr Hinkelmann lieber nicht nachdenken. Er wollte sich nicht selbst mutlos machen und entschied sich deshalb für den Aufstieg ins Studio.

*

Das Studio war das Dachgeschoss des Hauses, eingerichtet um als eine Art Rückzugsort für Herrn Hinkelmann zu dienen. Hier saß er, wenn er einmal in aller Ruhe und Abgeschiedenheit über etwas nachsinnen wollte. Das kam immer wieder mal vor, denn Probleme hatte Herr Hinkelmann so einige. Meist waren es Streitigkeiten mit den Nachbarn oder Auseinandersetzungen mit Behörden.
Da war zum Beispiel der Aktenordner „Abfallentsorgung", der sich mittlerweile nahezu gefüllt hatte, weil Herr Hinkelmann mit den bunten Farben bei den Mülltonnen nicht einverstanden war.
Da war das Problem mit dem Bauantrag von Herrn Kloppstock, der grenzseitig eine Garage mit ausgeklügelter Dachform errichten wollte, und diesbezüglich bei Herrn Hinkelmann auf ästhetische Differenzen gestoßen war. Und da war der Autounfall vor dem Haus, als Siegesmunds Straßenüberquerung zu einem Auffahrunfall mittlerer Güte geführt hatte, in den Frau Adomeit verwickelt worden war, obwohl die alte Dame doch eigentlich immer vorbildlich langsam mit ihrem Auto durch die Siedlung schlich.
Hier oben im Studio befand sich also im Hinblick auf Herrn Hinkelmanns Leben so eine Art Archiv der Ärgernisse.
Und seit heute Morgen führte Siegesmund als Vier-Pfoten-Ärgernis die Liste an, und zwar unerreicht auf Position eins.

*

Lautstark trampelte Herr Hinkelmann Stufe für Stufe nach oben, wobei seine Schritte imposant auf der Holztreppe klackerten, was von ihm absolut gewollt war.

Er hatte nicht vor, sich vorsichtig und leise anzuschleichen, um mittels Überraschungsmoment die Situation für sich zu entscheiden.
Nein, er verfolgte eine andere Strategie.
Er wollte sich schon vor dem Sieg als Sieger präsentieren. Er wollte psychologisch mit dem Kater ringen und die Einschüchterungstaktik anwenden. Deshalb trampelte er derart fest mit seinen Füßen auf.
Schließlich war er der Herr im Haus.
Er residierte im Studio.
Und nur er durfte sich hierhin zurückziehen!
All dies klackerte Herr Hinkelmann nun mit seinen Füßen auf das Holz der Treppe, als eine Art getrommelte Botschaft an Siegesmund.
Mit dem Empfang der Botschaft sollte Siegesmund unzweifelhaft klarwerden, dass er jetzt fällig war, egal wo er gerade steckte.
Und der Kater steckte, und wie er steckte!
Er steckte in Herrn Hinkelmanns Reisekoffer fest, einer Art Heiligtum, das entsprechend gepflegt wurde. Der Kater war hineingesprungen, als der Deckel noch hochgestanden hatte, was er jetzt aber nicht mehr tat.
Der Kofferdeckel war umgefallen. Ein Schloss war eingerastet. Siegesmund saß in der Falle und stieß kleine Laute aus, und Herr Hinkelmann setzte sich direkt neben ihn auf seinen Schreibtischstuhl und machte sich erst einmal Luft:
„Du Mistvieh, du überflüssiges Stück von einem Kater!
Da bleibst du jetzt erst einmal, in meinem Reisekoffer, bis ich Lust habe dich freizulassen!
Aber das wird dauern, glaub mir!“

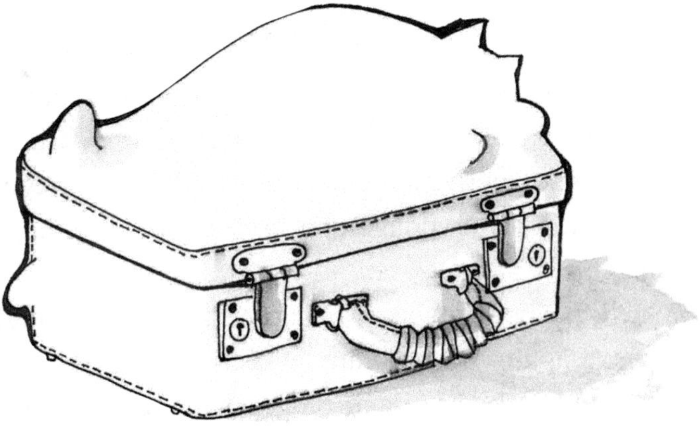

Nach diesen Worten ging es Herrn Hinkelmann schon besser.
Er hatte sich sein Problem von der Seele geredet.
Man konnte schließlich nicht alles schlucken!
Nicht von einem Kater!
Bei Schlucken dachte Herr Hinkelmann nun erstmals an seinen Cognac im Bücherregal.
Aber während Siegesmunds Herumgemaunze im Koffer würde er nicht zur Entspannung kommen. Das Tier miaute unaufhörlich und kratzte dazu im Takt.
Also keinen Cognac.
Siegesmund musste als Erstes runter und raus!
Für Cognac war auch später noch Zeit.
Und schon handelte er.
Er verschloss sicherheitshalber auch noch das zweite Schloss des Koffers und hob dann das Gesamtgefüge bewusst unsanft an. Fast wollte er schon innerlich triumphieren, weil es auf dem Lösungsweg wieder voranging.
Da fiel ihm ein, dass sich in seinem Reisekoffer ja auch noch anderes befand als nur der Kater, nämlich sein zart gelber

Kaschmirpullover aus Italien und der silberne Büro-Laptop. Mit dem Kater als Zugabe eine ungünstige Zusammenstellung, die jetzt jedoch nicht mehr zu ändern war. Zwar waren die Umstände unerfreulich, aber immerhin doch wegen des Erfolgs bei der Tierverlagerung ins Parterre unbedingt hinzunehmen.

Das hieß, präzise durchdacht, dass er das Aluminiumgehäuse seines Laptops als zerkratzt akzeptieren musste und dass abzuwarten blieb, wie dank Siegesmund sein Edelpullover aussehen würde.

Was es aber nicht hieß: dass sich irgendetwas an Siegesmunds Sachlage gewandelt hatte und das Tier jetzt doch auszuhalten war!

Nein!

Das hieß es nicht!

Immerhin hatte er den Kater ja schon im Koffer und musste ihn nur noch nach unten bringen und zuverlässig im Garten aussetzen. Dann würde hoffentlich alles weiterlaufen wie geplant, und irgendwie würde der Plan schon zu seinen Gunsten aufgehen. Wenn er alles richtig machte: zum Beispiel die Haustür als Erstes ins Schloss zog und dann erst den Koffer öffnete, nicht umgekehrt. Dann nur noch das Gespräch mit seinem Nachbarn erfolgreich geführt, und Amadeus würde den Rest erledigen, ein Prozedere, das Herr Hinkelmann sich mittels dreier Begriffe gebetsmühlenartig zusammenfasste:

Biss, Abszess, Schluss.

Ja, er war seinem Ziel in diesem Augenblick schon sehr, sehr nahe. Da war er sich jetzt wieder sicher. Dennoch umschloss er den Koffer beim Heruntertragen vorsichtshalber fest mit beiden Armen.

Herr Hinkelmann kommt wieder auf Spur

Mit übergroßer Vorsicht ging Herr Hinkelmann die beiden Treppen hinunter. Eigentlich war das untypisch für ihn, denn weder im Umgang mit Herrn Kloppstock noch in der Handhabung irgendwelcher Utensilien war Herr Hinkelmann zimperlich. Aber in diesem Fall war er lieber zimperlich hoch drei.
Vorsicht schien Herrn Hinkelmann jetzt das Angezeigteste zu sein, was er in dieser Situation an den Tag legen konnte, deshalb dachte er auch umsichtig an die neue Uhrensammlung.
Auf keinen Fall durfte er sich zur vollen Stunde von ihrem Glockenlärm und Gekuckucke derart überraschen lassen, dass er vor lauter Schreck den Koffer fallen ließ.
Und gleich war es wieder so weit.
Immerhin ging es stramm auf elf Uhr zu.
Und um Punkt elf würde Tante Friedas Regulatoren- und Kuckucksuhrennachlass gemeinschaftlich lebendig werden. Alle vierundzwanzig Wanduhren würden dann gleichzeitig loslegen und ihre Funktionstüchtigkeit unter Beweis stellen. Da durfte er sich nicht von zwanzig Schlagwerken und vier extra bunten Holzvögeln zu Fall bringen lassen, schon allein wegen des Erfolgs der Sache.

*

Nur nicht stürzen, nur nicht stolpern, war Herrn Hinkelmanns Devise bei jedem Schritt.
Die wäre auch aufgegangen, wenn es keinen im Flur abgestellten Putzeimer gegeben hätte.

Es gab ihn aber, und Herr Hinkelmann samt Kofferkater wurde einfach von den Füßen gehauen und auf den Kopf gestellt.

Vorab gaben die Kuckucksuhren noch die ersten Schläge ihres Elf-Uhr-Einsatzes zum Besten. Dann gab es unter Begleitung von Regulatorenschlägen, manche akustisch versetzt, einige aber auch gleichzeitig, einen deutlich hörbaren Bums und in der Folge Herrn Hinkelmanns Aussage:

„Zum Kuckuck noch mal!"

Es war der Versuch, seine selbst verschuldete Verunglückung vor den aus ihren Häuschen schauenden Kuckucken gesund zu beten.

Keine bis ins Letzte überzeugende Maßnahme! Weder für die Kuckucke, noch für Anwesende, die es gar nicht gab.

Aber durchaus ein Versuch!

Er hätte sich in seiner Situation noch ganz andere Kommentare vorstellen können, die weitaus weniger souverän waren. Was sagte man nicht alles, wenn man lag, wo man nicht hingehörte!

Was er sich aber in diesem Moment nicht verzieh und wofür er so gar keine Rechtfertigung fand, war die Tatsache, dass er dem Kater buchstäblich und im wahrsten Sinne des Wortes unterlegen war. Der Koffer lag als erdrückende Last auf seinem Bauch, und Siegesmund tobte darin wie wild herum und tat dies, wie Herr Hinkelmann vermutete, aus reiner Schadenfreude.

„Na, warte!“ presste der Gestürzte hervor und sammelte sich zusammen. Dann humpelte er samt Koffer zur Haustür. Siegesmund wurde als großvolumige Paketsendung vor der Haustür abgeworfen und hatte in diesem Fall Glück, dass er stoßfest im Koffer aufbewahrt war.
„So!“, sagte Herr Hinkelmann und nicht nur zu sich selbst, „im Falle eines Falles, ist richtig fallen alles.“
Bezogen auf Siegesmund verstand er unter „richtig fallen“ allerdings etwas vollkommen anderes als hinsichtlich seiner eigenen Person.
Im Grunde genommen sprach er da von zwei völlig verschiedenen Paar Schuhen, die wie die Zustände „lebendig“ und „tot“ nicht gegensätzlicher sein konnten.
Ob Siegesmunds Fall aber schon vorzeitig zu dem gewünschten Ergebnis geführt hatte, war vorläufig fraglich. Herausfinden konnte er es nur, wenn er den Koffer öffnete und nachsah. So viel war klar.
Von wildem Herumtoben war nach dem neuerlichen Fall aber nichts mehr zu bemerken. Stattdessen war es im Koffer verdächtig still.
Herrn Hinkelmann beschlich nun ein ungutes Gefühl.
Was, wenn der Kater weder springlebendig, noch mausetot war, sondern genau im Zustand dazwischen?
Keine schöne Vorstellung!
Er konnte ja schlecht mit dem ohnmächtigen Tier auf dem Arm vor Herrn Kloppstocks Haustür erscheinen und dann sagen:
„Guten Tag, Herr Nachbar, lassen Sie doch bitte mal Ihren Kater nach draußen, damit mein Kater mit ihm spielen kann.“
Das war mit einem Ohnmächtigen nicht drin. Da würde Herr

Kloppstock bestimmt argwöhnisch werden oder sich auf den Arm genommen fühlen. Auf keinen Fall aber würde er sich auf seinen Vorschlag einlassen.
Die Mitte zwischen „tot“ und „lebendig“ war also in diesem Fall der schlechteste Zustand.
Da war „lebendig“ eindeutig besser!
Und „tot“ natürlich hervorragend!
Woran er wohl war?
Er hatte keine Ahnung. Im Koffer war es immer noch mucksmäuschenstill.
War er möglicherweise doch schon am Ziel und wusste es nur noch nicht?
Er wurde neugierig.
Aber weil die Haustür noch nicht geschlossen war, zog er schnell noch die Tür hinter sich ins Schloss. Auf keinen Fall wollte er Siegesmund die Gelegenheit bieten, ein weiteres Mal im Haus zu verschwinden.
So, du Auslaufmodell von einem Kater, jetzt wird nachgesehen.
Mit großer Spannung erwartete Herr Hinkelmann sein Wunschresultat, während er erst das eine und dann das andere Schloss des Reisekoffers bei herunter gedrücktem Deckel entriegelte.
Auslaufmodell war wieder so eine Wortschöpfung seitens Herrn Hinkelmann, für deren Erfindung er sich nur selbst auf die Schulter klopfen konnte.
Passte das Wort nicht für beide Handlungen in gleicher Weise fantastisch?
Die Abschaffung des Katers war sinngemäß enthalten, aber auch das Auslauf-Nehmen aus dem Koffer.

Gleich würde er es wissen.
Auslauf-Modell … hm …
Er wollte sich das Wort ein zweites Mal genüsslich auf der Zunge zergehen lassen, kam aber nicht mehr dazu, weil das Auslaufmodell Siegesmund sich beim Anheben des Kofferdeckels zum sofortigen Davonlaufen entschlossen hatte und abzischte, was das hängende Bauchfell bei größter Anstrengung nur hergab.
Weg war er, unter dem Tor durch und im selben Moment über die Straße und auf und davon.

Herr Hinkelmann gerät an die Polizei

„Bloß das nicht wieder!“
Herr Hinkelmann schrie hinter Siegesmund her, aber der war weit weg! Ein gelähmter Herr Hinkelmann stand neben einem geöffneten Koffer und war bemüht, die Fassung wiederzugewinnen.
Das hätte auch ganz anders ausgehen können, sagte er sich, zum Beispiel so wie vor Kurzem, als Siegesmund die alte Frau Adomeit zu einer Vollbremsung genötigt hatte.
Herr Kloppstock war mit seinem schweren Jeep hinter Frau Adomeit hergefahren und nicht schnell genug zum Stehen gekommen.
Seither ging Frau Adomeit zu Fuß. Und wenn sie am Haus vorbeikam, ging Herr Hinkelmann vorsichtshalber in Deckung, denn das Gerichtsverfahren befand sich immer noch in der Schwebe, Ausgang ungewiss.
„Gut, dass nichts passiert ist“, murmelte Herr Hinkelmann in Richtung Straße.
Erleichterung machte sich bei ihm breit. Außerdem noch der Gedanke vom Glück im Unglück. Da fühlte sich Herr Hinkelmann schon fast vom Schicksal begünstigt und als halber Glückspilz. Nun schwamm er stimmungsmäßig schon wieder halbseitig obenauf.

*

Dann erschienen zwei uniformierte Männer am Tor.
Nein! Er traute seinen Augen nicht!
Polizei?!

Doch wohl nicht wegen Siegesmund!
Das fehlte gerade noch, dass der etwas angestellt hatte. In so kurzer Zeit ging das eigentlich gar nicht!
Gerade eben war er doch noch im Koffer gewesen.
Aber konnte man es wissen?
Solange er noch diesen Kater am Bein hatte, musste er mit allem rechnen.
Noch ist nicht aller Tiere Abend, dachte Herr Hinkelmann. Aber Siegesmunds letzter Abend ist es auf jeden Fall!
„Sind Sie Herr Hinkelmann?"
Der kleinere Polizist eröffnete das Gespräch. Der Größere zog seinen Ausweis.

„Wir kommen wegen Ihres Haustiers.“
Na, da haben wir es!
Herr Hinkelmann ahnte jetzt Böses.
„Es liegt eine Anzeige vor wegen Sachbeschädigung, und wir wollen uns selbst ein Bild machen. Ihr Kater wird beschuldigt, durch Urinieren die Haustür Ihres Nachbarn beschädigt zu haben.
Es liegen uns Fotos vor. Bitte! Sehen Sie selbst.“
Fotos?
Von Siegesmund?
Wer hatte die denn der Polizei zugespielt?
Etwa der Kloppstock?
Der Kleinere reichte Herrn Hinkelmann das erste Foto. Es zeigte Siegesmund mit leicht gestrafftem Bauchfell, wie er einen gelben Strahl gegen die grüne Haustür von Herrn Kloppstock absetzte.
Eindeutig sein Kater!
Das Foto konnte nur Kloppstock gemacht haben.
Jetzt musste er aufpassen!
Herr Hinkelmann legte für einen Kommentar die Stirn passgenau in Falten:
„Tja, wissen Sie, silbergraue Kater gibt es in der Gegend viele. Das muss nicht meiner sein! Das Foto beweist noch nichts. Und fragen können wir ihn jetzt nicht! Ich weiß nämlich selbst nicht, wo er gerade ist.
Und zugeben würde er die Tat sowieso nicht, ich kenne ja meinen Kater.“
Der kleinere Polizist machte ein verdutztes Gesicht, der Größere bekam rote Backen.
„Ach ja? Da sind Sie sich also sicher?!

Dann haben wir es hier mit Doktor Doolittle zu tun, der mit seinem Kater spricht?"
Er wartete gar nicht erst auf eine Antwort.
„Schön! Sehr schön! Dann erklären Sie Ihrem Kater doch mal, was er nicht zu tun hat, und drücken Sie ihm diese Vorladung in die Hand oder, besser gesagt, in die Pfote, damit er zum angegebenen Termin pünktlich erscheint, und zwar mit Personalausweis."
Er reichte Herrn Hinkelmann ein Blatt Papier und Herr Hinkelmann nahm es verunsichert entgegen.
„Wir erwarten das Tier dann nächste Woche auf dem Präsidium. Ach ja, und falls der Herr Kater nicht lesen kann, dann erklären Sie Ihrem Haustier doch einfach die Situation."
Jetzt hatte auch der kleinere Polizist ein rotes Gesicht und platzte fast vor guter Laune, während der größere Polizist breit grinste.
Nur Herr Hinkelmann hatte keinen Spaß.
Er hatte wieder eine Aufgabe mehr, und mehr ging einfach nicht mehr! Uhrensammlung hin oder her!
Katertechnisch war für Herrn Hinkelmann das Ende der Kuckucksstange mehr als erreicht!
Der Besuch der beiden Polizisten bildete nur noch eine Art Vulkanausbruch auf dem Boden seines Wasserfasses, das sowieso schon seit heute Morgen am Überlaufen war!
War er der Diener eines Katers?
Natürlich nicht!
War er der Hanswurst, mit dem ein Kater alles machen konnte?
Nein, war er nicht!
Dem Tier musste doch beizukommen sein!

Die beiden Polizisten verabschiedeten sich von Herrn Hinkelmann und ließen ihn in der Haustür stehen.
Als sie außer Sicht waren, wollte Herr Hinkelmann seinen Schlüssel nehmen und die Haustür ins Schloss ziehen. Aber das war beim besten Willen nicht mehr möglich.
Ausgesperrt!
Wegen Siegesmund!
Zum Ärgern war jetzt aber der falsche Zeitpunkt! Nach dem Besuch der Polizisten gab es nun noch ein Thema mehr mit seinem Nachbarn zu klären, und das, wenn es sich machen ließ, entweder diplomatisch oder gern bis aufs Messer zerstritten.
Vor allem jedoch ohne Zeitaufschub. Er machte sich auf den Weg.

Herr Hinkelmann handelt gezielt

Aber schon beim Schließen des Gartentors wurde Herr Hinkelmann von seinen Gedanken übermannt, und er geriet wegmäßig ins Stocken. Er merkte nämlich, dass die Angelegenheit mit Herrn Kloppstock vielschichtig geworden war.
Worauf musste er sich bei Kloppstock bloß alles einstellen?
Es war wohl eher eine Menge als wenig!
Die verkorkste Psyche seines Nachbarn war ihm ja zur Genüge bekannt.
Aus früheren Anlässen wusste er, dass bei Kloppstock ein konstruktives Gespräch eher die Ausnahme war.
Eigentlich gab es das gar nicht!
Am häufigsten wimmelt es bei dem Mann nur so von Ansichten, die man nicht teilen kann!
Dabei klammerte er den Garagenneubau sowieso als zweitrangig aus. Aber all die anderen Streitpunkte waren das Problem und machten Herrn Hinkelmann ein rundum ungutes Bauchgefühl.
Da existierte nicht nur die Anzeige wegen Urinierens, obwohl die, für sich betrachtet, schon keine einfache Sache war.
Da wartete ja auch noch das schwebende Gerichtsverfahren wegen des Auffahrunfalls.
Und da waren, was nun so gar kein kleines Ding war, die wiederkehrenden Streitigkeiten wegen Amadeus!
Dass der Nachbarkater aber auch immer so provozieren musste!
Das Tier hatte sich einfach nicht im Griff.
Es ließ sich zu Dingen hinreißen, die wirklich nicht sein durften, und Herrn Kloppstocks Erziehung hatte an den ständigen

Besuchen und dem schleichenden Fischsterben so gar nichts geändert.
Bisher jedenfalls nicht!
Aber jetzt standen die Dinge völlig anders!
Für ihn und für die Goldfische!
Amadeus war ab sofort herzlich eingeladen, sich am Teich sehen zu lassen, um mit Siegesmund ein Revierkämpfchen auszutragen, und zwar je härter, desto besser. Der Protzkater seines Nachbarn hatte den Biss ins Hinterteil perfekt drauf.
Das war bekannt!
Wer vor ihm weglief, wurde verfolgt und war fällig.
Es kursierten in der Nachbarschaft so einige Gerüchte, die auf Amadeus ein bestimmtes Licht warfen, nämlich das des Herrschers über die Katzenmeute der Maschener Allee, von Nummer vierzehn bis Nummer vierzig.
Nur wie sollte die Sache endlich ins Rollen kommen?
Der Kloppstock musste dabei mitspielen, und zwar mit völlig geänderten Vorzeichen!
Herr Hinkelmann musste Herrn Kloppstock beibringen, dass Amadeus ab sofort so etwas wie special guest in Herrn Hinkelmanns Garten war. Das war nicht einfach, denn bestimmt würde Kloppstock die Dinge in einem größeren Zusammenhang sehen, und da gab es ja verschiedene!
Herr Hinkelmann wagte kaum, sich Herrn Kloppstocks Reaktion auch nur ansatzweise vorzustellen.
Er kannte ja seinen Nachbarn seit Jahren und setzte sich auch schon genauso lange mit ihm auseinander.
Kloppstock war bis auf die Knochen misstrauisch.
Ich weiß doch, sagte sich Herr Hinkelmann, wie der tickt!
Der denkt, ich backe jetzt kleine Brötchen, weil mir die Felle

wegschwimmen. Damit er das Urinieren meines Katers vergisst und die Anzeige zurückzieht, lade ich seinen Kater zum Fischfang ein, nach dem Motto:
„Ja, wo bleibt denn Ihr prächtiger Amadeus, Herr Kloppstock? Heute ist er ja noch gar nicht bei uns im Garten gewesen. Gefällt es ihm bei uns nicht mehr? Schicken Sie Ihren muskulösen Kater doch gleich mal rüber. Und mit der kaputten Haustür werden wir uns auch noch einigen.
Am besten wir vergessen das Ganze.
Ist ja bloß eine dumme Holztür, die wir gegen ein paar verspeiste Goldfische aufrechnen."
Herr Hinkelmann war sich sicher, das würde sein Nachbar ihm unterstellen, diesen Zusammenhang.
Und sobald der von Herrn Kloppstock hergestellt war, würde Amadeus erst mal für längere Zeit Hausarrest kriegen.
Das war so sicher wie das Amen in der Kirche.
Und Kloppstocks Begründung war auch klar.
„Wenn der Hinkelmann denkt, dass er mich so billig kaufen kann, dann hat er sich aber geschnitten."
Das denkt der Kloppstock.
Und wenn es dieser Zusammenhang nicht ist, sagte sich Herr Hinkelmann, dann ist es eben das schwebende Gerichtsverfahren, wo ich vermeintlich von ihm erwarte, dass er Siegesmund als Unfallverursacher begnadigt und von seiner Liste streicht. Dann wird er eben hier den Hasen im Pfeffer vermuten und eins und eins zusammenzählen.
Bestimmt wird er sagen:
„Ach, Herr Hinkelmann, erzählen Sie mir doch nichts! Ihnen geht es doch um etwas ganz anderes. Ihnen geht es um das Gerichtsverfahren! Sie meinen, Sie können Ihren Sie-

gesmund raushauen, wenn Sie meinen Amadeus großzügig in Ihren Garten lassen. Sie wollen Ihrem Siegesmund bloß das Fell retten! Darum geht es Ihnen! Meinen Sie, ich sehe das nicht!?“

Und in einem Punkt war sich Herr Hinkelmann sicher: Er brauchte richtig gute Argumente, um Kloppstock davon zu überzeugen, dass es keinerlei Zusammenhang mit irgendetwas gab und es sozusagen nur darum ging, das Kriegsbeil zu begraben, um ab sofort einen guten nachbarlichen Umgang miteinander zu pflegen.

*

Herr Hinkelmann hatte schon einige Zeit lösungsmäßig auf der Stelle getreten, womit jetzt aber Schluss war. Er vollzog in der Angelegenheit eine Kehrtwende und ging im Eiltempo zurück zu seinem Haus.

Statt das Kriegsbeil zu begraben, wollte er erst einmal einer vorgelagerten Notwendigkeit entsprechen und seinen Ersatzschlüssel ausgraben.

Anders kam er nicht weiter, weil nicht zurück ins Haus.

Wo die Stelle war, wusste er ziemlich genau, am Teich neben der Putte.

Rechts davon fing er an zu graben. Immer im Wechsel, rechte Hand, linke Hand, rechte Hand, linke Hand.

Da erblickte er mit einem Mal Siegesmund. Das Tier hatte eingerollt unter dem Rhododendron gelegen. Von Herrn Hinkelmanns Buddelgeräuschen geweckt, schaute es jetzt zu, wie der Ausgesperrte auf den Knien lag und in der Erde wühlte.

Also da steckt das Vieh, dachte Herr Hinkelmann und kam

sich im selben Moment lächerlich vor, wie er so vor dem Kater arbeitete, während das Tier Pause machte.
Kommt er mir jetzt zu nahe, dann greif ich ihn mir, und er erlebt seines blaues Wunder!
Aber Siegesmund blieb, wo er war und wirkte völlig teilnahmslos. Er schaute ab und an zu Herrn Hinkelmann hinüber, wobei sein Gesichtsausdruck mitzuteilen schien, dass sich der Kater hinsichtlich seines neuen Besitzers Fragen stellte.
Tatsächlich ruinierte Herr Hinkelmann gerade seinen Garten. Er hatte jede Menge Erde auf den Gartenweg geworfen und wunderte sich mittlerweile, warum er den Ersatzschlüssel immer noch nicht gefunden hatte. An Abbrechen dachte er aber nicht. Dem Anschein nach unverdrossen, buddelte er weiter und war auch schon ganz schön tief.
Auf keinen Fall wollte er vor Siegesmund schwächeln.
Bloß das nicht!
Siegesmund wiederum rührte sich immer noch nicht von der Stelle und gab weiterhin den Uninteressierten. Mit halbgeschlossenen Augen und gespitzten Ohren verfolgte er Herrn

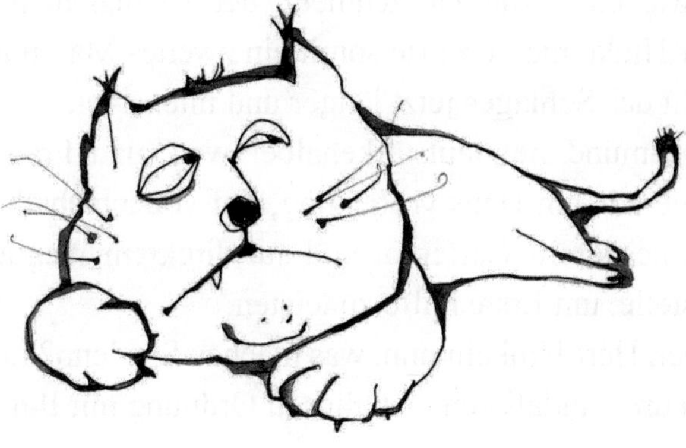

Hinkelmanns Grabungen, und wenn er doch einmal zu ihm herüber blinzelte, dann mit der für Katzen typischen Arroganz.
Herr Hinkelmann befand sich inmitten eines Nullsummenspiels, wie er es allzu gern betrieb und bei dem wie immer außer schlechter Laune nichts herauskommen konnte.
Er grub dem Anschein nach unverdrossen weiter, und der Kater blieb liegen wie eine ruhende Sphinx, alle vier Beine unter seinen Bauch gesteckt. Die Ohren jedoch hatte Siegesmund ausschließlich auf Herrn Hinkelmann gerichtet, für den Fall, dass noch etwas Entscheidendes passierte.

*

Und es passierte noch etwas!
Herr Hinkelmann schrie plötzlich vor Schmerz laut auf. Er hatte sich beim Buddeln an etwas Scharfkantigem verletzt und blutete an seiner linken Hand. Und weil er eiligst hoch wollte, stützte er sich mit der Rechten auf dem Puttenkopf ab, aber die Engelsfigur gab nach, kippte zur Seite und verpasste Herrn Hinkelmann einen saftigen Schlag in die Rippen.
Es war ein gemeiner Schmerz, der erstmal nicht aufhörte. Herr Hinkelmann schrie somit ein zweites Mal, nur in Anbetracht des Schlages jetzt länger und intensiver.
Siegesmund lief lautstärkehalber weg, und Frau Adomeit, die gerade am Haus vorbeiging, lief vorsichtshalber hin und stürmte durchs Gartentor und auf direktem Weg an die Unfallstelle, um Erste Hilfe zu leisten.
„Aber, Herr Hinkelmann, was machen Sie denn? Löcher buddeln und randalieren? Ist alles in Ordnung mit Ihnen?“

Sie zog ihn versuchsweise auf die Beine.
„Sie sehen ja ganz verstört aus! Hat der Kater Ihrer Tante wieder Schuld? So sagen Sie doch etwas!“
Jetzt sagte Herr Hinkelmann tatsächlich etwas, das er sich unter Schmerzen heraus presste:
„Ich suche etwas, Frau Adomeit, ich suche bloß etwas. Ich habe lediglich etwas gesucht.“
Frau Adomeit verstand nicht, und Herr Hinkelmann schob deshalb in gepresster Form nach:
„Ich brauche meinen Ersatzschlüssel, um ins Haus zu kommen, aber jetzt …“, er gestikulierte hektisch mit seiner verletzten Hand in der Luft herum und verspritzte dabei Blut, „brauche ich in erster Linie einen Verband.“
Das sah Frau Adomeit sofort ein und überhaupt nicht anders, weshalb sie gar nicht länger abwartete, sondern wieder losschoss in Richtung Tor und weiter zu Herrn Kloppstock, um das Nötige zu besorgen. Offensichtlich ging es bei Herrn Hinkelmann um Leben und Tod. Da würde sie mit dem erforderlichen Verbandszeug so schnell wie möglich zurück sein.

Herr Hinkelmann steckt in der Warteschleife

Nebenan war Herr Kloppstock gerade damit beschäftigt, ein größeres Retourenpaket zu packen, Ware, die er online bestellt hatte. Den Fehlkauf wollte er unbedingt wieder loswerden. Da durfte er verpackungstechnisch nichts falsch machen.

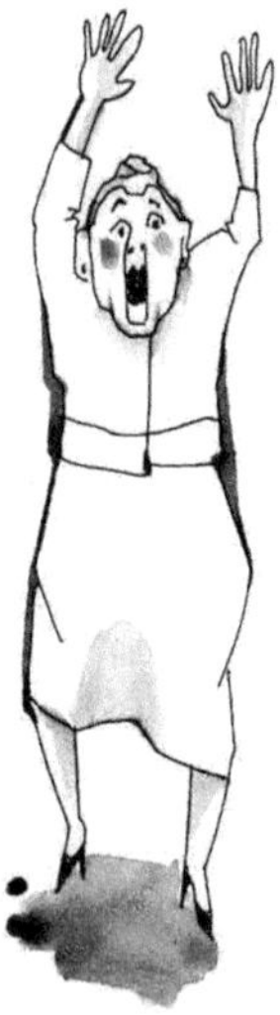

Die von ferne schreiende Frau Adomeit war ihm da viel weniger wichtig als sein vollständig und korrekt zusammengestelltes Paket.

Er ließ sich nicht stören und konzentrierte sich auf die futuristisch anmutende Riesenkugelleuchte aus Milchglas, die er für den Garten bestellt hatte, die aber eine Enttäuschung war und deshalb gerade wieder von Herrn Kloppstock in den Karton gehoben wurde.

Vorsichtig legte er sie, die Öffnung seitlich, in die dafür vorgesehene Styroporform und vergewisserte sich, dass das zerbrechliche Teil auch ringsum exakt auflag.

Das dauerte.

Im nächsten Schritt musste er noch den Aluminiumfuß vor die Öffnung packen. Auch dafür war ein Platz im Styropor vorgesehen.

Zunächst aber zog es Herr Kloppstock vor, sorgfältig die Hohlräume neben der Kugel auszustopfen.

Da durfte sich nichts bewegen, andernfalls würde das Milchglas während des Transports zu Bruch gehen.

Während Herr Kloppstock hochkonzentriert einen Schritt nach dem anderen abgewickelt hatte, hatte sein Kater neben dem Karton gelegen und halbverschlafen zugeschaut.

*

Als Frau Adomeit mit ihrem Hilfe-Hilfe-Unfall-Geschrei vor der Haustür eintraf, änderte sich daran zunächst nichts. Erst als Herr Kloppstock urknallartig „halt" schrie, weil Frau Adomeit rücksichtslos mit ihren Fäusten gegen die sowieso schon im Ansatz ruinierte Tür hämmerte, bekam Amadeus einen gehörigen Schreck.
Um seine Ruhe gebracht, brauchte er schnellstmöglich einen Rückzugsort, den er auch unmittelbar in seiner Nähe fand, und zwar in der Schutz bietenden Milchglaskugel.

Er flutschte in dem Moment hinein, als Herr Kloppstock Frau Adomeit die Tür vor der Nase aufriss, um seiner Nachbarin auf ganzer Linie wenig Verständnis zu zeigen.
Der Paketpacker herrschte seine Nachbarin an: „Was brüllen Sie denn so?! Ist Ihnen wieder mal jemand hinten reingefahren?"
Dann fiel ihm ein, dass Frau Adomeit seit dem Auffahrunfall ja gar kein Auto mehr besaß.
„Ach, Sie sind außer sich, weil Sie unter posttraumatischen Belastungsstörungen leiden! Oder haben Sie etwa den Prozess gegen Hinkelmann verloren? Würde mich auch nicht

wundern, wenn Sie deshalb so herumschreien. Irgendeinen Grund müssen Sie ja haben!“
„Hab ich auch, Herr Kloppstock, hab ich auch!“ Frau Adomeit war atemlos.
„Herr Hinkelmann hat im Garten …“
Weiter kam sie nicht. Die Reizwörter Hinkelmann und Garten lösten sofort bei Herrn Kloppstock einen sprachlichen Exzess aus. Herr Kloppstock wütete bei geöffneter Haustür. Sein ganzer Körper tobte auf der Stelle. Die Milchglaskugel war gefährdet.
„Sie schreien wegen Hinkelmanns Garten? Wegen dem Ausgrenzungsgelände? Haben Sie sich mal meine Haustür und meinen Geländewagen angesehen?“
Seine Lautstärke war kaum auszuhalten. Amadeus zog es vor, sich nicht aus der Milchglaskugel zu wagen.
„Haben Sie sich mal gefragt, aber haben Sie natürlich nicht, wer mir die Schäden bezahlt?
Wer gibt mir etwas für mein demoliertes Auto?
Das hat bisher kein Schwein interessiert.
Wer kommt für meine kaputte Haustür auf?
Keine Sau fragt danach!“
Er war nunmehr im Tierreich angelangt und wurde im nächsten Moment auch noch einfallsreich.
„Bezahlt ja wohl der Kater! Habe gehört, dass er mittlerweile Zeitungen austrägt, um sich sein Taschengeld aufzubessern.“
Von Weitem waren nun Herrn Hinkelmanns Kuckucke zu hören, die im gemeinschaftlichen Chorgesang zwölf Uhr vermeldeten. Dabei wurden sie von verschiedenstem Glockengeläut begleitet, was Herrn Kloppstock dazu brachte, seine Rage noch einmal zu steigern.

„Sie kommen ausgerechnet zu mir? Nach allem, was der Hinkelmann mir angetan hat? Was der mir im Garten und auf der Straße angetan hat? Was er meiner Haustür angetan hat? Oder hat er jetzt Ihnen etwas angetan? Würde mich auch nicht …"
„Er hat sich etwas angetan!"
Frau Adomeit hatte es geschafft, auch noch etwas zu sagen.
„Was … hat … der?"
Herr Kloppstock wurde fast besinnlich.
„Was hat der getan? Der hat sich etwas angetan? Ja, gehört der denn jetzt vollends in die Klapsmühle? Kennt der denn überhaupt keine Grenzen des Anstands? Dem ist wohl alles egal?!"
Bei Herrn Kloppstock stellte sich nun eine Art spontane Gedenkminute ein, die zu betretener Nachdenklichkeit führte. Er sagte nichts mehr, sondern gab sich diversen Vorstellungen zum Thema Selbstmord hin, die zwischen Trommelrevolver, Schlaftabletten und Komasaufen rangierten und die Frau Adomeit wieder Raum für einen Satz boten.
„Herr Hinkelmann wartet auf Sie, Herr Kloppstock! Bringen Sie …"
Er ließ sie nicht den Satz beenden. Für ihn hatte sie schon genug gesagt. Er hatte die Botschaft bis in den letzten Winkel verstanden.
„Ja, ist der denn völlig wahnsinnig geendet!? Ich werde dem doch nicht folgen! Was will der von mir? Das sind ja absurde Ideen, wie nur der Hinkelmann sie haben kann. Da gibt es ja wohl zwischen uns so gar keine Gemeinsamkeiten, außer dass wir beide ein Haustier, einen Garten, eine bepinkelte Haustür und keinen Pool haben. Ich werde doch nicht mein Leben wegen …"

„Herr Hinkelmann blutet, Herr Kloppstock! Er hat sich …“
„Die Pulsadern aufgeschnitten?“
Bei dieser Frage klang bei Herrn Kloppstock Enttäuschung mit. Da wären aus seiner Sicht weit bessere Methoden für Herrn Hinkelmann wählbar gewesen. Im Ganzen überrascht, war er dennoch nicht, denn für Herrn Kloppstock betrieb dieser Unfähige nichts mit Erfolg!
„Nein, nicht aufgeschnitten! Er hat sich beim Buddeln an einer Scherbe verletzt, zufällig, nicht absichtlich …“
Jetzt hatte es Frau Adomeit herausgelassen. Hinkelmann buddelte in seinem Garten und betrieb Sandkastenspiele, vermutlich so etwas wie *Die Erstürmung der Düppeler Schanzen* oder sonst irgendein veraltetes Kriegsspiel. Aus Herrn Kloppstocks Sicht kam bei Herrn Hinkelmann sowieso nur das Absurdeste in Frage.
Frau Adomeit ließ nicht locker:
„Haben Sie Verbandszeug im Haus, Herr Kloppstock? Wir müssen Erste Hilfe leisten. Herr Hinkelmann kommt nicht in sein Haus, weil er sich ausgesperrt hat. Jetzt sind Sie seine letzte Hoffnung!“
Die Formulierung „seine letzte Hoffnung“ hatte Frau Adomeit bewusst riskant gewählt. Schließlich sollten sich ja schnell erste Schritte einer Hilfeleistung ergeben.
Aber dass sie so ins Schwarze treffen würde, hatte sie nicht erwartet.
Herr Kloppstock wetterte heftig los:
„Ja, natürlich, unser Kleingärtner hat eine letzte Hoffnung, und die heißt „gutes Nachbarschaftsverhältnis bei medizinischer Grundversorgung“ und der Service-Anbieter heißt Kloppstock!“

Er machte auf dem Absatz kehrt, lief zum Dielenschrank und kam mit einem Verbandskasten zurück, den er Frau Adomeit in die Hand drückte.
„Hier haben Sie mein Leistungspaket, mit bestem Dank für die Nachfrage!“
Frau Adomeit war sprachlos.
„Und übrigens! Sollten Sie die Unfallstelle mit einem Warndreieck absichern wollen, so steht Ihnen selbstverständlich das meinige auch noch zur Verfügung!“
Er knallte die Tür zu, dass die Milchglaskugelleuchte gewaltig erschüttert wurde, aber zum Glück ihre Form behielt.

*

Völlig verdattert schwenkte Frau Adomeit in Richtung Straße und trat den Rückweg an, während Herr Kloppstock sich immer wieder fragte, warum er ausgerechnet ein Haus neben einem Nachbarn gekauft hatte, der unbedingt in die Klapsmühle wollte.
Um runterzukommen, zwang er sich, das Wesentliche zu tun, nämlich sein Retourenpaket zu Ende zu packen. Wie bei der Durchführung einer Entspannungsübung wickelte er alle Schritte in Zeitlupe ab. Hoch konzentriert legte er den Aluminiumfuß aufrecht neben die Öffnung der Kugelleuchte.
Noch einmal wurde die Stille von Geräuschen gestört. Das Gemaunze und Geheule kam aber nicht aus Herrn Kloppstocks Garten. Er fragte sich, was es zu bedeuten hatte. Vor allem fragte er sich, wer da in Not war.
Hörte er etwa seinen Amadeus um Hilfe schreien?
Diese Frage ließ sich für Herrn Kloppstock nur beantworten,

wenn er einen Blick von ganz oben aus dem Giebelfenster in der ersten Etage auf Herrn Hinkelmann und dessen Gelände werfen würde. Außerdem interessierte ihn auch, in welchem Zustand sich sein Nachbar befand.
Aber das Retourenpaket war noch nicht bis zum letzten Handgriff gepackt. Herr Kloppstock verschloss als letzte Maßnahme den Karton mit Klebeband. Drei Umwicklungen in jede Richtung mussten reichen. Sobald er einen Blick auf Hinkelmann und seinen Zustand geworfen hätte, nähme er sich die Zeit, das Paket zur Paketstelle zu bringen.

Herr Hinkelmann kann auch anders

Aus Herrn Hinkelmanns Sicht hatte Frau Adomeit eine Ewigkeit gebraucht. Als sie wieder bei dem Verletzten auftauchte, war er zwar noch nicht verblutet, dafür aber so genervt, dass er sie mit allen Möglichkeiten, die er sprachlich hatte, in die Verantwortung nahm.

„Wenn es um Katzen geht, dann reagieren Sie prompt, sieht man ja an Ihrer Vollbremsung, aber wenn ein Menschenleben auf dem Spiel steht, dann trödeln Sie herum und tratschen mit Kloppstock an der Haustür, als ob es bei einer Verletzung um nichts Wichtiges ginge!

Für mich geraten Sie in den Verdacht der unterlassenen Hilfeleistung!"

Auch Frau Adomeit war jetzt verletzt, wenn auch nur innerlich.

Ohne Frage hatte sie alles gegeben und erntete nun auch noch Herrn Hinkelmanns Undank.

„Und wenn die Sache für mich mit einem Abszess ausgeht, dann sind Sie die Erste, die ich belangen werde!"

Beide waren jetzt mehr als nur sprachlich miteinander beschäftigt.

Frau Adomeit wickelte Mullbinde um drei seiner fünf Finger und Herr Hinkelmann arbeitete gut mit, indem er versuchte, möglichst nicht hinzuschauen.

Aber Frau Adomeit betrieb eine Art Mullbindenklöppelei, die Herrn Hinkelmann immer wieder in ihren Bann zog.

Kriegte sie das überhaupt hin?

Am besten, er schaute einfach nicht zu und ließ sie gewähren.

Für den Moment konnte er sowieso nur stillhalten.

Herr Hinkelmann richtete seinen Blick in die Ferne, dann mehr zufällig als gewollt nach oben.
Da erblickte er Herrn Kloppstock am Giebelfenster, wie er unverhohlen wissbegierig zu ihm und Frau Adomeit herüber schaute und sich fast den Hals verrenkte. Er grinste aus allen Gesichtszügen und kommentierte dann die Situation:
„Na, Herr Hinkelmann, hat Ihr Erste-Hilfe-Engel Ihnen einen Musterverband angelegt?"
Dann legte er nach:

„Sollten Sie weitere Hilfe benötigen, schicke ich Ihnen selbstverständlich auch noch meinen Kater vorbei, der legt Verbände auch nicht anders an als Frau Adomeit."

Es war ein Kommentar, gemeint als herabsausender Blumentopf, dazu bestimmt, Herrn Hinkelmann endgültig knock-out zu schlagen.
Den Kater vorbeischicken?
Der Vorschlag war ein Ausbund an Niederträchtigkeit!
Ein echter Kloppstock-Vorschlag, der ihn am Boden halten sollte, wo er ja aus Kloppstocks Sicht sowieso schon lag.
Aber der beabsichtigte Effekt trat bei Herrn Hinkelmann gar nicht erst ein.
Stattdessen jubelte Herr Hinkelmann.
Ihm war innerlich zum Platzen zu Mute!
Vor lauter Freude und Begeisterung!
Da hatte er es, das Angebot!
Ganz wie von selbst war es Herrn Kloppstock über die Lippen gekommen. Er musste jetzt nur noch zugreifen und die Sache wie ein frisches Arrangement aussehen lassen, das er widerwillig annahm. Zumindest aber musste er vor dem vermeintlichen Einlenken ein letztes Aufbäumen gegenüber seinem Gegner zeigen.
Deshalb sagte er:
„Ihre Schadenfreude sei Ihnen gegönnt, Herr Kloppstock. Aber Ihren Kater als derartiges Multitalent auszuweisen, halte ich dann doch für übertrieben. Bisher hat er ja eher kleine Brötchen gebacken, wenn es sich um Besuche in unserem

Garten gehandelt hat. Da hat er sich vor allem als Ausreißer präsentiert und nicht als Zubeißer.
Aber von mir aus! Lassen Sie ihn ruhig zu mir und Siegesmund herüberlaufen!“ Siegesmund zu erwähnen war ihm ein Hochgenuss.
„Ihr harmloses Tier tut ja keinem etwas.“
Jetzt war der Anfang gemacht.
Mal sehen, wie Kloppstock auf die Provokation „harmloses Tier“ reagieren würde.
Vielleicht war schon alles zum Besten bestellt?
Wem konnte es gefallen, seinen Kater als „harmlos“ bezeichnet zu sehen?
Gewiss nicht Kloppstock!
Der sah doch in seinem Kater mindestens einen halben Tiger.
Auf jeden Fall hatte er den Spagat zwischen Einlenken und Anpieksen bestens geschafft.
Nun musste er nur noch auf die Wirkung warten.
Und die kam jetzt.
„Ach ja, Herr Hinkelmann, erkenne ich da einen Gesinnungswandel? Sind Sie doch noch in letzter Sekunde Tierfreund geworden?
Wie erfreulich!“
Nicht nur, dass Herr Kloppstock vom Giebelfenster herunter sprach. Er ließ auch an seiner Stimmführung erkennen, dass er sich als etwas Höheres fühlte und gegen jede Art von Beleidigung erhaben war.
Also hatte Herr Hinkelmann ihn schon erwischt, genau an seinem wunden Punkt!
Stellte sich noch die Frage, ob Herr Kloppstock hinsichtlich seines Katers auch genug herausgefordert war, um den Tiger-

beweis anzutreten. Wenn ja, würde er im nächsten Schritt auf das Angebot eingehen.
Das war zu erwarten.
„Sie kennen ja doch so etwas wie Dankbarkeit, Herr Hinkelmann!“ Der Satz klang gequetscht.
Herr Kloppstock presste gerade seinen Bauch so fest gegen die Fensterbank des Giebelfensters, dass es ihm fast den Atem abschnürte.
„Aber lassen wir Kleinigkeiten wie Mullbinden und Heftpflaster doch einfach beiseite. Ich war großzügig, und Sie wollen es in Zukunft auch sein.
Amadeus ist Ihnen also ab sofort willkommen?
Gut!
Und Sie werden meinen Kater auch nicht mehr mit dem Gartenschlauch in die Flucht schlagen?
Noch besser!“
Beim letzten Satz fuchtelte Herr Kloppstock in Kreisbewegung mit dem Arm in der Luft, als ginge es darum, ein Lasso zu werfen und Herrn Hinkelmann einzufangen.
Der fühlte sich jetzt auch tatsächlich am Haken, allerdings am schönsten Haken, den er sich vorstellen konnte, am Haken seines Ziels.
Der Tierbeseitigung!
Er hatte es geschafft!
Amadeus würde jetzt ganz offiziell von Herrn Kloppstock herüber geschickt werden, um sich in seinem Garten auszutoben.
Was für ein Erfolg!!
„Und ganz ehrlich, Herr Hinkelmann, als Tierfreund und Neu-Besitzer eines Katers hätte Ihnen diese Einsicht schon

viel früher kommen müssen. In dubio pro animo, wie der Lateiner sagt, oder muss es pro anomale heißen? Vermutlich ist beides irgendwie richtig.
Tiere sind unsere Schutzbefohlenen.
Da trägt jeder Tierhalter Verantwortung.
Und gewiss sollten wir uns nicht über Gottes Schöpfung erheben, als wären wir etwas Besseres. Die Bedürfnisse eines Haustiers sollten uns immer heilig sein."
Herrn Kloppstocks Worte zerflossen in Herrn Hinkelmanns Ohren zu einer wunderbar klebrigen Masse. Das war reinstes Zuckerwerk! Honigsüß und schmackhaft! Was für Worte!!
Kloppstock hätte besser Prediger werden sollen, dachte Herr Hinkelmann, aber Hochmut kommt bekanntlich vor dem Knall.
Und es würde knallen, und zwar ganz gewaltig, sobald Kloppstocks Kater seinen Siegesmund vor die Schnauze bekommen würde. Der Protzkater würde schon sein Ding machen, da war sich Herr Hinkelmann sicher, und dieses Blah-Blah von der Verantwortung gegenüber Gottes vierbeiniger Schöpfung konnte ihm ja wohl völlig egal sein.
Hier ging es um definierte Ziele, genau darum ging es, und nur darum.
Wer hatte sich jemals um ihn und seine Belange gekümmert? Niemand!

Und dass er sich in einer Problemlage befand, war mehr als offensichtlich. Da brauchte es keiner weiteren Beweise. Da reichte Siegesmund völlig aus!

*

Herr Hinkelmann war froh, am Ziel so gut wie angekommen zu sein. Bald würde er sagen können:
Das Tier ist weg.
Jetzt musste die Kooperative seines Nachbarn nur noch nach Plan verlaufen und in der Folge war der Kater nicht mehr, weil für alle Zukunft abgeschafft.
Das war fantastisch!
Da hatte er sich noch vor wenigen Minuten den Kopf zerbrochen, wie er Herrn Kloppstock verkaufen sollte, dass Amadeus in seinem Garten ab sofort erwünscht, ja geradezu ersehnt war, und jetzt war es so weit.
Und lief wie am Schnürchen!
Konnte noch etwas schiefgehen?
Oder war nunmehr alles im Gesunden?
Herr Hinkelmann tastete sich überlegungstechnisch durch, und prompt stieß er sich an einem im Weg liegenden Gedanken. Hoffentlich wurde sein Nachbar nicht noch kurz vor der Planumsetzung krank!
Klar!
Krankheit!
Damit musste man immer rechnen!
Eine Panne, die alles zerstören würde.
Nach all den Anstrengungen und mühevoll ausgedachten Machbarkeiten war das … nicht zu wünschen!

Der Kloppstock stand ja schon viel zu lange am zugigen Fenster.
Das musste sofort beendet werden!
Auf der Stelle!
Mit dem richtigen Szenario!
„Ich glaube, das Wetter schlägt um! Ein atlantisches Tief mit Starkregen oder noch schlimmer könnte bevorstehen. Besser, Sie schließen das Fenster, Herr Kloppstock! Gehen Sie wieder nach unten, und vielleicht lassen Sie Amadeus gleich mal an die frische Luft. Wir sollten mit unseren guten Vorsätzen sofort beginnen, nicht wahr!"
Nach so viel gut gemeinten Worten, wurde Herrn Kloppstock ganz blümerant zu Mute.
Und jetzt hatte Frau Adomeit auch noch etwas vorzubringen: „Eine Bitte hätte ich noch, Herr Kloppstock. Wenn Sie uns noch Ihren Gartenspaten zur Verfügung stellen könnten? Mit den bloßen Händen gräbt es sich so schlecht."
Sie zeigte zur Bekräftigung ihrer Worte auf die Mullbindenklöppelei an Herrn Hinkelmanns Hand.
„Das wäre wirklich nett von Ihnen. Wir holen uns das Gerät an der Haustür ab. Ist das in Ordnung?"
Herr Kloppstock deutete sein Einverständnis mit einem kurzen Kopfnicken an. Immer noch war er ganz verdattert.
Dann schloss er zu Herrn Hinkelmanns Freude tatsächlich als Nächstes das Giebelfenster.

Herr Hinkelmann fühlt sich vorgeführt

Herr Hinkelmann wollte nicht selbst den Spaten entgegennehmen. Die hilfsbereite Frau Adomeit sollte das für ihn erledigen. Er war lieber auf der Putte sitzen geblieben, um sich weiter zu erholen.

Besser er wartete auf ihre Rückkehr.

Da tauchte wie aus dem Nichts Siegesmund auf. Er hatte Beute in der Schnauze und benahm sich mit dem weißen Riesenteil entsprechend wichtigtuerisch.

Gradlinig kam er auf Herrn Hinkelmann zu, machte dann aber im letzten Moment einen Schwenk und schleuderte das seltsame weiße Bündel aus Federn mit einer kräftigen Kopfbewegung durch die Luft.

Sofort sprang er dem Ding hinterher und fing es mit seinen Vorderpfoten wieder in der Luft auf, um es erneut hochzuschleudern, aufzuschnappen und hinein zu beißen und das gesamte Spektakel sodann wieder von vorn beginnen zu lassen.

Sein wildes Gefuchtel war dazu angetan, den Vogel möglichst lebendig wirken zu lassen.

In Wirklichkeit aber war das Tier schon mausetot und diente Siegesmund nur noch als Prestigeobjekt, um vor Herrn Hinkelmann Eindruck zu schinden und als Beutemacher aufzutrumpfen.

Bisher hatte Tante Friedas Kater noch nicht eine einzige Maus gefangen.

Federn flogen durch die Luft und die zerzauste Vogelleiche sah schon ganz erbärmlich aus. Für Herrn Hinkelmann ein zweifelsfrei scheußlicher Anblick.

So scheußlich wie der ganze Kater. Musste Siegesmund sich schon wieder zum Hassobjekt machen?
Reichte es ihm immer noch nicht?
Da stand er schon seit Stunden auf der Abschussliste und erdreistete sich trotz allem zu einer weiteren großformatigen Schandtat. Mit dem Auf-der-Nase-Herumtanzen muss jetzt endlich mal Schluss sein!
Im Haus geht es mit ihm nicht und draußen, wo Tiere hingehören, auch nicht.
Aber noch war nichts erreicht.
Weiße Federn hatten sich überall im Garten verteilt, weshalb Herr Hinkelmann jetzt initiativ wurde. Mit seiner ganzen angesammelten Kraft schrie er den Kater an:
„Siegesmund, lass sofort los! Sie… ges… m.. u..u..u ..nd!"

*

Der Schrei dröhnte durch den Garten und erreichte als Schallwelle Herrn Kloppstocks Haustür, wo in diesem Moment die Spatenübergabe stattfand.
Die Übergabeszene wurde durch Herrn Hinkelmanns Schrei umgehend eingefroren. Von einer Sekunde auf die andere herrschte Handlungsstillstand. Herr Kloppstock gab den Spaten nicht frei, und Frau Adomeit, die den Stiel schon in der Hand hielt, um zu übernehmen, war genauso handlungsunfähig. Herr Kloppstock ließ den Stiel nicht los. Stattdessen sagte er:
„Der pfeift wohl seinen Kater zurück. Bestimmt, weil sein Kater meinem Amadeus etwas angetan hat. Das erklärt, warum ich Amadeus seit Längerem nicht gesehen habe. Da

stimmt garantiert was nicht, sonst würde der Hinkelmann seinen Kater nicht so anherrschen."
Nun ließ Herr Kloppstock doch den Spaten los, und Frau Adomeit übernahm das Gerät mit einem hastigen Kopfnicken.
Sogleich machte sie sich im Schnelltempo auf den Rückweg, während Herr Kloppstock immer noch neben seinem Retourenpaket stand.
Völlig verunsichert hinsichtlich der nächsten Handlungsschritte, pendelten dessen Gedanken hin und her.
Das Paket musste zur Post, aber nachsehen, was es mit Herrn Hinkelmanns Geschrei auf sich hatte, wollte Herr Kloppstock auch. Nur hinsichtlich der Reihenfolge war er sich nicht im Klaren.
Seine Entscheidung fiel universell aus.
Mit der Linken ergriff er sein Retourenpaket, mit der Rechten seinen Schlüssel, um das Haus zu verlassen. Das Paket war schwer. Er trug es daher besser beidhändig und schloss mittels Fuß die Haustür. Mit dem Paket vor seinem Bauch wollte er zuerst zu Hinkelmann und danach zu seinem Auto.

*

Da ertönte erneut ein schriller Schrei, diesmal ausgestoßen von Frau Adomeit. Dass Panik mitschwang, war nicht zu überhören.
Jetzt war Tempo angesagt. Da war das Paket nur Ballast, weshalb Herr Kloppstock es eiligst auf den Stufen vor seiner Haustür absetzte und sich in einem fast sportlichen Tempo auf den Weg zu Herrn Hinkelmann machte.
Dabei ahnte er die ganze Zeit nichts Gutes.

*

In Herrn Hinkelmanns Garten angekommen, sah sich Herr Kloppstock mit einer Szene konfrontiert, die alle seine Erwartungen noch übertraf.
Da saß sein Nachbar kreideweiß auf seiner Putte, und Frau Adomeit stand daneben und hielt einen Gegenstand aus Federn in den Händen, den sie beweinte und ununterbrochen mit „mein Klecki, mein armer Klecki“ anredete.
Nur von den beiden Katern war nichts zu sehen.
Die Szene war so unerträglich wie komisch, dass Herr Kloppstock sich nicht zurückhalten konnte:
„Haben die Sandkastenspiele dazu geführt, dass mittelalterliche Kampfmethoden wieder aufleben? Erst den Feind in Pech wälzen und dann schön rundum federn, damit … ?“
Er beendete den Satz nicht, weil Frau Adomeit bei seinen Worten laut hörbar aufschluchzte.
Herr Hinkelmann setzte zur Klarstellung der Situation an:
„Hier wird kein Spiel gespielt, Herr Kloppstock, hier ist der Ernst des Lebens eingetroffen.
Frau Adomeits Klecki ist verstorben.“
Und weil die verteilten Federn gegen ein natürliches Ableben des Vogels sprachen, entschloss sich Herr Hinkelmann, eine weitere Klarstellung nachzuschieben, die dazu gedacht war, das nunmehr beinahe als neutral zu bezeichnende Verhältnis zwischen ihm und Kloppstock weiterhin zumindest auf kleiner Flamme zu erhalten:
„Einer unserer Kater hat dem Nymphensittich von Frau Adomeit in einem unserer Gärten aufgelauert und ihn … nun ja, man sieht es ja überall.“

Er machte eine weitläufige Armbewegung, um auf die herumliegenden Federn zu verweisen. Die Ungenauigkeit seiner Angaben wertete Frau Adomeit jetzt als herzlose Gleichgültigkeit gegenüber ihrem geliebten Sittich. Sie wollte ihrem Klecki die ganze Genauigkeit zukommen lassen, die er nach ihrem Empfinden verdient hatte.
Deshalb wurde sie hinsichtlich Kleckis Ableben jetzt präzise: „Es war Herrn Hinkelmanns Siegesmund, Herr Kloppstock! Der hat meinen Klecki so zugerichtet, dass Sie es wissen. Es war Siegesmund! Ich habe ihn selbst mit Klecki in der Schnauze hier im Garten herumtoben sehen. "

*

Da war es passiert. In Sekunden hatte Frau Adomeit das ansatzweise gute Verhältnis der beiden Männer im Keim erstickt.
Herr Hinkelmann entrüstete sich im Stillen über den zwischenmenschlichen Scherbenhaufen.
Ist die dusselig!
Erst rennt sie als Mutter Theresa zwischen den Grundstücken hin und her, dann reißt sie als Quaks, der Bruchpilot, den Frieden wieder ein. Die Frau ist zu nichts zu gebrauchen!
Macht die auch mal irgendwas richtig?
Ist die überhaupt fähig, einen Vogel zu halten?
Was lässt sie ihren Klecki auch herumfliegen, als wäre es ein Adler?! Kein Wunder, wenn Siegesmund da seinen natürlichen Instinkten nachgegeben hatte und sich das Spielzeug geschnappt hatte.

Nun entschied sich Herr Hinkelmann, dass es für alle Beteiligten das Beste wäre, den Tathergang zu beleuchten, wo doch der Täter dank seiner Nachbarin allerseits bekannt war.
Er richtete sich an Frau Adomeit:
„Sie lassen ihren Klecki nach draußen fliegen?
Quasi als Auslauf?
Oder besser gesagt als Ausflug!
Geht das denn überhaupt mit einem Vogel?
Ich meine, er ist doch schließlich kein Kater!"
Im letzten Punkt pflichtete Herr Kloppstock seinem Nachbarn bereitwillig bei und nickte ausgiebig.
Auch er betrachte Vögel in allererster Linie als Beutetiere. Da gebe es kein Vertun. Und einem Jäger, und dazu gehöre ja nun mal ein Kater, stehe eben von Zeit zu Zeit ein Beutetier zu.
Da helfe eben zum Schutz eines Vogels nur Wegsperren und Käfighaltung.
Frau Adomeit antwortete unter Tränen:
„Ja, was denken Sie denn von mir? Ich entlasse doch meinen Klecki nicht in die Gartenhölle!
Niemals würde ich das tun.
Er ist mir heute Morgen aus der Wohnung entwischt, als ich den Käfig gereinigt habe. Ich bin sofort raus und habe ihn gesucht, überall und die ganze Zeit, bis Sie mir, Herr Hinkelmann, mit Ihrer Verletzung dazwischen gekommen sind.
Ich bin zu Ihnen gelaufen, weil ich helfen wollte, und da ist es passiert."
Gemäß Sachlage brachte es Herr Kloppstock strukturiert auf den Punkt:
„Das heißt im Klartext: Während Sie Herrn Hinkelmann verbandsmäßig zusammengeflickt haben, hat Hinkelmanns Ka-

ter Ihren Vogel beutemäßig auseinander gepflückt."
Bei Herrn Hinkelmann und Frau Adomeit machte sich jetzt Betretenheit breit.
Aber auch ohne Zustimmung sah sich Herr Kloppstock in seiner Einschätzung voll und ganz bestätigt, was ihn zu weiteren Ausführungen veranlasste:
„Ich sag es ja. Klecki ist ein typisches Beutetier für Herrn Hinkelmanns Haustier. Da muss man nur eins und eins zusammenzählen. Der Kater musste sich förmlich auf Ihren Sittich stürzen!"
Frau Adomeit schnäuzte sich, und Herr Hinkelmann fing an, sich zur Wehr zu setzen. Eine derart haarsträubende Darstellung der Zusammenhänge konnte er nicht auf Siegesmund sitzen lassen.
Auch nicht auf einem Kater, der schon zum Abschuss freigegeben war!
„So stellen Sie das dar, Herr Kloppstock? Wenn Frau Adomeits Sittich entwischt und seinen Ausflug mit dem Leben bezahlt, kann nur mein Siegesmund als Täter in Frage kommen?
Soll das ein Witz sein?
Und Ihr Amadeus?
Was ist mit dem?
Ist das kein Kater, der ständig auf Beute geht?
Erzählen Sie mir doch nichts!
Warum hab ich denn nur noch fünf Goldfische in meinem Teich?
Oder ist Amadeus seit Neuestem zu lahm zum Jagen?"
Jetzt war nichts mehr zu retten. Diese Beleidigung saß als gut platzierter Stich, und Kloppstock musste den Stich parieren.

Mit diesem Satz war das Duell wiedereröffnet und nahm aufs Neue an Fahrt auf. Mit Friede-Freude-Eierkuchen zwischen Nachbarn war jetzt wieder Schluss.

„Herr Hinkelmann, es reicht! Erst nehmen Sie meine Hilfe in Anspruch. Dann beleidigen Sie mich und meinen Kater. Das muss ich mir nicht bieten lassen."

Und an Frau Adomeit gewandt:

„Brauchen Sie den Spaten noch für die Beisetzung Ihres restlichen Sittichs?

Wenn nicht, würde ich ihn umgehend mitnehmen."

Nun wartete Herr Kloppstock nur noch auf den richtigen Impuls, um sich davonzumachen.

Die verdatterte Frau Adomeit schüttelte ihren Kopf, und Herr Kloppstock stieß einen letzten Satz aus, bevor er sich samt Spaten auf den Heimweg machte:

„Herr Hinkelmann, mich sollten Sie um keinen Gefallen mehr bitten, ganz egal, was passiert!

Wir sind auseinander, und zwar gründlich!"

Herr Hinkelmann entlässt Frau Adomeit

Der Schmerz über ihren toten Vogel saß tief. Frau Adomeit blieb stumm, während Herr Hinkelmann mühevoll versuchte, sich auf seine Füße zu stellen.
Aber der Schlüssel musste her, und wenn er rechts neben der Putte nicht zu finden war, dann eben links.
Egal wie schmerzvoll die Buddelei für Herrn Hinkelmanns Knie war, er musste dranbleiben.
Am liebsten hätte er ihr gesagt, dass sie selbst am Tod ihres Klecki Schuld hatte.
Was hatte sie auch das Fenster aufgelassen, während sie den Käfig gereinigt hatte!
Aber im Hinblick auf das schwebende Gerichtsverfahren wollte Herr Hinkelmann besser nicht zu deutlich werden.
Deshalb sagte er:
„Frau Adomeit, ich muss jetzt graben. Der Haustürschlüssel, Sie wissen schon.
Schließlich muss ich ja wieder in mein Haus und kann nicht draußen übernachten.
Nicht bei dem Nachbarn!“
Frau Adomeit hielt immer noch ihren zerrupften Sittich fest in ihren Händen und reagierte nicht.
Da schrie Herr Hinkelmann:
„Endlich erwischt! Gott sei Dank!“
Er hielt den in Folie verpackten Haustürschlüssel in der Hand. Aber Frau Adomeit bezog seine Worte auf ihren Sittich und entrüstete sich:
„Wie herzlos Sie sind, Herr Hinkelmann, mir ist mein Vogel genauso wichtig wie Ihnen der Kater. Man verbringt sein

Leben mit einem Haustier. Da wird es mit der Zeit zu einem echten Freund und Partner!“
Herr Hinkelmann sah das diametral anders, hielt sich aber lieber weiterhin zurück.
Frau Adomeit war ihrerseits nun im Ganzen beleidigt und stapfte deshalb mit ihrem Klecki davon.
Wie ein Heiligtum hielt sie den Restvogel dabei vor ihrem Bauch. Herr Hinkelmann schaute ihr hinterher.
Haustier!
Ein Freund und Partner!
Das ich nicht lache!
Da kannte Frau Adomeit Tante Friedas Kater nicht!
Was war der für eine Enttäuschung als Freund und Partner!
Lediglich im Zusammenhang mit der Uhrensammlung war Siegesmunds Existenz in seinem Hause zu rechtfertigen.
Wo war das Tier überhaupt?
Etwa drüben bei Kloppstock?
Es soll mir doch nur recht sein!
Herr Hinkelmann stellte sich endlich auf seine Füße. Hauptsache, er hatte seinen Schlüssel gefunden und kam wieder ins Haus.

*

Vor seiner Haustür angekommen, machte Herr Kloppstock ein verblüfftes Gesicht!
Das Retourenpaket war nicht mehr da.
Stattdessen entdeckte er ein Stück Papier, das ihm jemand unter die Fußmatte geklemmt hatte und das ihm auffällig weiß entgegenblitzte. Er las:

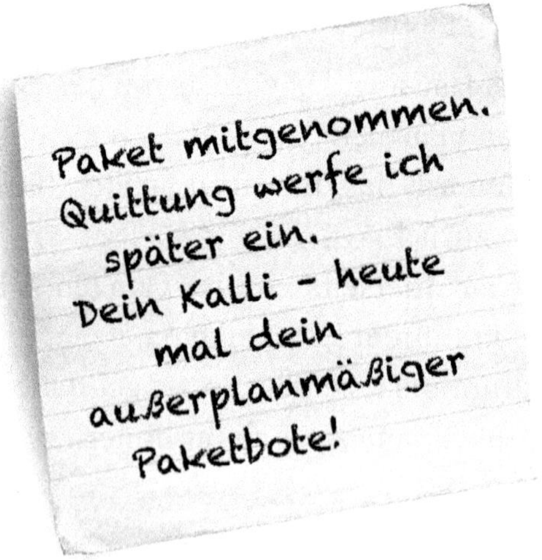

Kegelbruder Kalli zeichnete verantwortlich für das entschwundene Retourenpaket. Er hatte es für Herrn Kloppstock mitgenommen und zur Post gebracht, wo er sowieso hinwollte.

Zwar war es nicht abgesprochen, aber Herrn Kloppstock war Arbeit abgenommen, was ihm durchaus gefiel.

Nun fragte er sich aber, ob Kalli auch vorsichtig genug mit der Milchglaskugel umging. Da war es besser, wenn er Kalli umgehend anrief und sich nach dem Zustand des Pakets erkundigte.

Aber Kalli ging nicht ans Telefon, daher nahm Herr Kloppstock an, dass er noch unterwegs war.

*

Ihm fiel in diesem Moment Amadeus ein, den er seit Frau Adomeits Türhämmern nicht mehr gesehen hatte. Er fragte sich, ob der Kater noch etwas auf seinem Teller hatte oder ob er nachlegen musste.

Zu Herrn Kloppstocks Verwunderung war alles noch unberührt, was ihn schlussfolgern ließ, dass Amadeus mal wieder zwecks Selbstversorgung unterwegs war.
Diese Erklärung war für den Tierbesitzer mehr als in Ordnung. Die Vorstellung, dass Amadeus an Herrn Hinkelmanns Goldfischteich auf Beute wartete, hatte viel Erfreuliches, und Herr Kloppstock drückte seinem Kater regelrecht die Daumen, dass daraus ein Erfolg wurde.
Es brachte Herrn Kloppstock auf ganzer Linie Entspannung, sich vorzustellen, wie Herr Hinkelmann platzen würde, wenn endgültig keine Fische mehr im Teich wären. Da war Amadeus im Streit mit Herrn Hinkelmann für Herrn Kloppstock der beste Zuarbeiter.
Die Entspannung griff um sich und erinnerte Herrn Kloppstock an Wesentliches: den zur Gesundheit unabdingbaren Schlaf nach der Mittagsmahlzeit, wobei heute die Kost besonders leicht ausfiel.
Es gab nämlich nichts, weil er nicht vorgesorgt hatte.
Aber das störte Herrn Kloppstock nicht in seinem Wohlbefinden. Schließlich hatten sich die alten Fronten wiederherstellen lassen.
Wohlig entspannt und sichtlich zufrieden legte er sich auf sein Sofa, um ein Nickerchen zu machen.

Herr Hinkelmann gibt eine Bestellung auf

Im Nachbarhaus hatte Herr Hinkelmann sich aufgeschlossen und vorsichtshalber seinen Schlüssel von innen ins Schloss gesteckt. Der halbe Tag hatte sich bis zu diesem Moment als Fiasko gestaltet.

Was hatte er bis jetzt eigentlich erreicht?

Schon die Frage trieb Herrn Hinkelmann auf die Palme. Die Situation war eindeutig.

Er war vom Regen in die Schlaufe gekommen, und die lag nun um seinen Hals und schnürte ihn ein, jede Minute ein bisschen mehr, und der Kater zog daran wie ein böser Mühlstein.

Trotz aller Einschnürung am Hals verspürte er aber in erster Linie seinen leeren Magen.

Er hatte Hunger.

Sein Weg führte ihn in die Küche und dort direkt zum Kühlschrank. Wie befürchtet, hielt das Innenleben des Kühlgeräts nichts Verwertbares für Herrn Hinkelmann bereit.

Auf die Schnelle war da nichts drin.

Und zu einem Einkauf fehlte Herrn Hinkelmann nach den letzten Ereignissen die Lust.

Somit kam nur noch irgendein Wir-liefern-ins-Haus-Service in Betracht. Herr Hinkelmann ließ die Gedanken kreisen:

Mit Essen-auf-Rädern hatte er schlechte Erfahrungen gemacht. Zu viel Soße und zu wenig Geschmack.

Der Pizza-Service war auch keine Alternative. Ständig andere Fahrer, die sich in der Stadt nicht auskannten und viel zu lange unterwegs waren. Eine Zumutung!

Zumal die Fahrer von unterwegs mehrmals anriefen, um sich

bei kalt werdender Pizza den Weg erklären zu lassen.
Auch der Hähnchen-on-Tour-Service war eine Pleite gewesen. Im doppelten Sinne, denn es gab ihn seit einiger Zeit gar nicht mehr.
Blieb nur noch der Türke oder, ganz neu in der Stadt, der Inder. Indische Gerichte, duftender Reis, Kokossoße …
Herrn Hinkelmann lief das Wasser im Mund zusammen, was ihn die Schlaufe um seinen Hals für den Moment vergessen ließ.
Ja, das war jetzt das Richtige!
Ein Trostpflaster vom Inder.
Ein kulinarisch köstliches Gericht in seiner katastrophal verqueren Situation.
Er würde sich etwas Gutes aussuchen, und Siegesmund würde hoffentlich so richtig neben ihm schmachten, wenn er genüsslich im Chicken-Tiki-Taka stochern würde.
Sehr gut!

*

Er wählte die Service-Nummer. Am anderen Ende der Verbindung hatte jemand Schwierigkeiten mit den deutschen s-Lauten:
„Indißer Serviß, bitte beßtellen ßie!“
Herr Hinkelmann war erfreut, dass er in keiner Warteschleife gelandet war, und bestellte:
„Eine Portion Chicken-Tiki-Taka mit gemischtem Salat, bitte!“
Die andere Stimme fasste nach:
„Mößten ßie auch ein Getränk in Flaße zum Eßen?“
Herr Hinkelmann ließ sich nicht bitten.

„Ja, auch ein Getränk dazu! Eine Flasche Apfelschorle.“
Die Stimme war noch nicht zufrieden.
„Die Adreße bitte!“
Herr Hinkelmann antwortete bereitwillig:
„Maschener Dorfstraße zweiunddreißig, bei Hinkelmann!“
Jetzt wiederholte die Stimme alles noch einmal:
„ßie mößten: ein Chicken-Tiki-Taka mit gemißten ßalat und daßu Flaße Apfelßorle, rißtig?
Alles ßu Hinkelmann, Maßener Dorfßtraße ßweiunddreißig?! Rißtig?“
Herr Hinkelmann hatte plötzlich große Lust, ebenfalls s-Laute zu verballhornen:
„Ja, rißtig!“
Aber das Gespräch war so gut wie beendet. Die Stimme ließ

ihn nicht mehr weitersprechen:
„Danke für Beßtellung!“ Dann wurde aufgelegt.

*

Wie lange würde es wohl dauern, bis das Essen da wäre? Er hatte vergessen, danach zu fragen. Herr Hinkelmann nahm einen Zwanzig-Euro-Schein aus seiner Brieftasche und legte ihn griffbereit auf den Küchentisch.
Was sollte er in der verbleibenden Wartezeit unternehmen? Vielleicht das Erdreich um die Putte herum in Ordnung bringen?
Er ging zur Terrassentür und betrachtete durch die Glasscheibe das zerwühlte Beet um die Putte.
Das konnte so unmöglich bleiben. Er öffnete die Tür.
Da zischte Siegesmund an ihm vorbei und knallte mit Restgeschwindigkeit gegen den Küchenschrank. Der missglückte Bremsvorgang schien dem Kater peinlich zu sein. Sofort leckte er sich eine Vorderpfote, spreizte dabei die Zehen und war derart intensiv um Gründlichkeit bemüht, als gäbe es nichts Wichtigeres auf der Welt als die Reinigung seines Laufwerks.

Für Herrn Hinkelmann ein schon bekannter Anblick.
Typisch Siegesmund!
Erst blamiert er sich als Tollpatsch, und dann überspielt er die Peinlichkeit, indem er den Perfektionisten raushängen lässt.
Dass der sich traut, hier auf harmlos zu schalten, wo er gerade den Sittich zerlegt hat!

*

Von seinem Vorhaben, das Beet in Stand zu setzen, nahm Herr Hinkelmann erst einmal Abstand.
Für den Moment war es besser, Siegesmund im Auge zu behalten und sofort nach draußen zu entlassen, sobald Amadeus auftauchen würde. Aber auf den Kater Rücksicht nehmen, wollte er dann auch nicht.
Herr Hinkelmann schaltete das Radio ein und drehte bewusst die Lautstärke hoch. Das würde Siegesmund nicht gefallen. Er wusste es.
Lautstarke Geräusche waren nichts, was einem Kater Freude bereitete. Da fing Tante Friedas Reliquie regelmäßig an zu maulen. Schon im nächsten Moment nach dem Einschalten ging es damit los.
Ich weiß doch, wie ich dich ärgern kann!
Er fing an, in der Küche auf- und ab zu wandern und dabei zur Musik aus dem Radio Dehn- und Streckübungen zu vollführen.
Ich werde so richtig viel Unruhe verbreiten, dass er sich durch und durch gestört fühlt!
Es kann nicht immer nach seinem Willen gehen!
Auch ein Kater muss sich fügen!

Sound Attacke
102.70MH

Siegesmund maunzte in regelmäßigen Abständen. Eigentlich wollte er jetzt schlafen, aber das ging ja bei Herrn Hinkelmanns Shownummer nicht. Jetzt tanzte der Hausherr auch noch Tchatchatcha.
Das Regionalprogramm spielte heute richtig gute Musik. Herr Hinkelmann war in Schwung gekommen und gab sich selbst Tanzkommandos:
„vor Platz Cha-cha-cha, rück Platz … Cha-cha-cha …“
Das Tanzen machte so richtig Spaß:
„vor Platz Cha-cha-cha, rück Platz Cha-cha-cha … „
Beides machte so richtig Spaß, wieder einmal zu tanzen und Siegesmund dabei bis aufs Unterfell zu ärgern.
Da wurde die Musik unterbrochen, um eine Meldung zu verbreiten:

Ein dreister Fall von Tiermisshandlung in der Region. Jemand hatte den Versuch unternommen, seinen Kater, in einer Glasleuchte verpackt, auf Reise zu schicken, mit dem Ziel, ihn so möglicherweise mittels Glasscherbenschnitten zu töten, zumindest aber auf bequeme Weise über den Paketdienst zu entsorgen.
Da das Paket mit der Adresse des Absenders versehen sei, ließe sich der Tierhalter problemlos ermitteln. Ihm drohe nun eine Anzeige. Der Kater sei vorübergehend im Tierheim untergebracht und warte auf einen neuen, liebevolleren Besitzer.

Das war ein Ding!!
Herr Hinkelmann wusste nicht, ob er lachen oder weinen sollte. Lachen, weil der Tierhalter so blöd gewesen war, seinen Absender anzugeben, und weinen, weil es nicht sein Kater war, der jetzt im Tierheim saß und auf einen neuen Tierhalter wartete.

Offensichtlich gab es Menschen, die in einer ähnlichen Lage waren wie er und auch versuchten, ein Tier loszuwerden.
Er war also durchaus kein Einzelfall!
Wie oft wohl Menschen den Wunsch verfolgten, sich von einem Haustier zu befreien?
Angesichts der Radionachricht musste es ja wohl häufiger vorkommen, als er bisher gedacht hatte.
Das hätte ich nicht gedacht.
Vielleicht sollte man einen Verein gründen?!
Zwar gibt es an Tiervereinen schon so einiges, aber eben nicht alles. Eindeutig fehlte es an einer Art Ausgliederungsclub für Katzen!
Eine derartige Vereinigung gab es seines Wissens nach bisher nicht, zumindest hatte er nicht davon gehört, sonst hätte er gewiss davon Gebrauch gemacht.
Herrn Hinkelmann gefielen jetzt seine Überlegungen.
Oder sollte man sogar, was die Zielsetzung des Vereins betraf, kein Blatt vor den Mund nehmen?
Eine Namenswahl, die die Ziele des Clubs glasklar herausstellte?
War das nicht sogar am besten?
Cat-Killer-Club zum Beispiel?
Wäre das nicht die richtige Namenswahl?
Quasi als Pendant zum Cat-Sitter-Club?
Man knüpfte namenstechnisch sozusagen an etwas an, das schon bekannt war, brachte aber dennoch etwas Neues, da in der Zielsetzung völlig Gegensätzliches?
Das war geschickt und vorteilhaft!
Und im Übrigen noch auf ganzer Linie innovativ!
Herr Hinkelmann fühlte sich rundum beschwingt und wartete

auf den nächsten Musikbeitrag, der jedoch nicht kam. Stattdessen sendete das Radio eine weitere Kurzmeldung.

> *Die Hygiene von Restaurants und Gaststätten war stichprobenartig überprüft worden und hatte Entsetzliches zu Tage befördert. Insbesondere die so beliebten Asia-Restaurants seien auffällig geworden. Neben mangelnder Hygiene seien auch Unregelmäßigkeiten bei der Fleischverarbeitung entdeckt worden, zum Teil mit haarsträubenden Verstößen gegen die europäische Lebensmittelkultur. Auch die Verarbeitung von Hunde- und Katzenfleisch sei zweifelsfrei nachgewiesen worden. Es sei zu mehreren Anzeigen gekommen. Ein Restaurant in der Innenstadt habe sofort schließen müssen.*

Katzenfleisch?
Herr Hinkelmann war mehr als erstaunt.
Welcher Grund konnte vorliegen, dass jemand eine Katze zu einer Mahlzeit verarbeitete?
Aber was fragte er da überhaupt!
Die Frage beantwortete sich ja völlig von selbst!
Kein anderer Grund als seiner!
Klar!
Herr Hinkelmann spürte beinahe so etwas wie Bewunderung für diese Menschen, die sich auf ganzer Linie und vorbehaltlos für die Abschaffung eines Tiers einsetzten.
Gar nicht so schlecht!
Aber auf jeden Fall war die Vorgehensweise riskant, weil nicht erlaubt! Man sieht ja, was dabei herauskommt. Bei einer Überprüfung kann es passieren, dass man sich eine Anzeige einhandelt.

*

Es klingelte an der Tür. Das konnte eigentlich nur die Anlieferung des indischen Chicken-Tiki-Taka sein.
Herr Hinkelmann war sofort in Richtung Haustür unterwegs und Siegesmund lief mit. Der Katerschwanz stand steil nach oben.
Dass der sich wohl fühlt, wird sich gleich ändern, wenn er nichts abbekommt, dachte Herr Hinkelmann.
Da war er sich ziemlich sicher.

Herr Hinkelmann bleibt in Kontakt mit der Polizei

Herr Hinkelmann machte die Haustür auf. Da standen die beiden Polizisten, die schon am Vormittag vorbeigeschaut hatten. Herr Hinkelmann war bewusst um Freundlichkeit bemüht. Seine Verblüffung durfte auf keinen Fall auffallen.
„Was gibt es denn noch, meine Herren?“
Konnte Siegesmund noch anderen Blödsinn angestellt haben? Auszuschließen war es ja nie.
Herr Hinkelmann zeigte auf seinen Kater, der dicht neben ihm stand.
„Hier sehen Sie meinen Kater, allerdings hat er die ganze letzte Stunde mit mir in der Küche verbracht. Wenn es also um sein Alibi geht, dann kann ich versichern …“
„Geht es aber nicht!“ Der Ton war nicht wirklich freundlich. „Es geht überhaupt nicht um Ihren Kater. Es geht um Ihren Nachbarn.“ Also doch, dachte Herr Hinkelmann. Hat der Kloppstock wieder seine Hand im Spiel und schickt mir die Polizei auf den Hals. Die neuerliche Auseinandersetzung zwischen uns treibt schon nach kaum einer Stunde ihre ersten Blüten.
Der kleinere Polizist ergriff das Wort:
„Es geht nur um Ihren Nachbarn nebenan in der Nummer dreißig.“
Typisch Polizei!
Komplizierter kann man es ja wohl nicht formulieren.
Warum der Kleine sich so um den Namen herumdrückt?
Herr Hinkelmann überlegte angestrengt, fand aber keine plausible Erklärung. Dann sagte er:

„Herr Polizist, Sie meinen meinen Nachbarn Kloppstock in der Nummer dreißig?
Ist das richtig?“
Von beiden Polizisten folgte nun ein kurzes Kopfnicken.
„Was hat der denn gegen mich in der Hand, meine Herren? Dieser Stänkerer hat doch bestimmt irgendwas gegen mich vorgetragen, und ich soll mich jetzt rechtfertigen?
Der Mann ist ein soziales Problem.
Auf keinen Fall dürfen Sie glauben, was er …“
„Er hat gar nichts gegen Sie in der Hand, Herr Hinkelmann. Wir haben ihn in der Hand, wenn er unser Mann ist. Das natürlich vorausgesetzt!“
„Wir sind ihm auf der Spur und sind auch schon ganz nah an ihm dran“, sagte der Kleine.
„Wie gesagt, die Ermittlungen sind noch nicht abgeschlossen, und wir haben noch unbeantwortete Fragen, deshalb kommen wir ja zu Ihnen.“
Herr Hinkelmann blieb weiterhin auf der Hut.
Wem konnte man heutzutage schon trauen? Wem?
Selbst die Polizei lief in gefaketen Uniformen herum. Ausweise wurden gefälscht.
Das ganze kriminelle Programm!
„Sie wollen also gegen Herrn Kloppstock ermitteln? Ist das richtig?“
Jetzt kam er sich schon schlau und wichtig vor, denn das Blatt hatte sich komplett gewendet.
Er stellte jetzt die Fragen.
„Und Sie ermitteln verdeckt? Sonst wären Sie ja nicht vor meiner Tür, sondern wären gleich zu ihm rüber und hätten ihn persönlich angesprochen?

Ist das richtig?"
Der größere Polizist fühlte sich durch Herrn Hinkelmanns Fragen in die Enge getrieben.
Der kleinere war verwirrt, aber bemüht auf Spur zu bleiben und nahm die polizeiliche Befragung wieder auf.
„Wir möchten Ihnen bezüglich Herrn Kloppstock einige Fragen stellen! Ist das richtig?"
Herr Hinkelmann traute seinen Ohren nicht.
Was sollte denn der Zusatz „Ist das richtig"?
Wie blöd wurde denn hier gefragt?!?
Wer so blöd fragt, muss ja bei der Polizei sein. Auf keinen Fall waren die beiden Polizisten ein Fake.
So viel war jetzt klar!
„Ja, ich weiß doch nicht, ob es richtig ist, mir Fragen zu stellen, meine Herren. Sie sind doch zu mir gekommen und nicht umgekehrt."

*

Auf der Straße vor dem Haus hielt ein Fahrzeug. Der Lieferservice des indischen Schnellrestaurants war eingetroffen. Ein Mann mit Turban stieg aus und holte aus dem Kofferraum in Alufolie verpackte Teile.
Angesichts der sich anbahnenden Störung war der große Polizist jetzt um Tempo bemüht.
„Ihr Nachbar, Herr Kloppstock, hat ein Haustier? Ist das richtig?"

„Ja, das stimmt!“
„Und es handelt sich bei dem Haustier um einen Kater? Ist das richtig?“
Ja, das ist richtig!“
Mittlerweile war der Inder mit einem Stapel verschiedenster Alupäckchen näher gekommen.
Allerdings ließ er sich auffallend viel Zeit für den Weg bis zu Herrn Hinkelmanns Haustür. Zögerlich setzte er einen Fuß vor den anderen. Entweder irritierten ihn die beiden Polizisten, oder er wollte mit seinem Chicken-Tiki-Taka nicht stören.
„Wann haben Sie denn den Kater von Herrn Kloppstock das letzte Mal gesehen?“
Der Inder zuckte bei der Frage merklich zusammen. Der Stapel Alupäckchen kam ins Schwanken. Zum Glück passierte aber nichts.
„Heute am späten Vormittag, denke ich, war das. Warum ist das wichtig?“
Herr Hinkelmann verstand den Sinn der Frage nicht. Dann fiel ihm ein, dass er das Geld auf dem Küchentisch vergessen hatte.
„Entschuldigen Sie, meine Herren, aber ich muss schnell mal das Geld holen, um zu bezahlen.
Bin gleich zurück.“

*

Noch hatte der Inder kein Wort gesagt. Jetzt richtete der kleine Polizist seine Aufmerksamkeit auf die Alupäckchen und erkundigte sich neugierig:

„Ein Fleischgericht? Was ist es denn? Riecht exotisch!"
Der Inder wackelte mit dem Kopf.
„Ja, ißt Fleiß! Viel Fleiß!"
Der kleine Polizist verstand den Turbanmann nicht. Der große Polizist wollte die Kommunikationsprobleme mit einem Witz bereinigen:

„Sie kochen mit viel Fleiß? Das ist gut! Ohne Fleiß kein Preis, nicht wahr! Welches Fleisch ist es denn? Doch wohl kein eingefangener Kater!“
Er lachte und hielt seinen Zeigefinger schulmeisterlich in die Höhe, als wollte er den Turbanmann warnen.
Der Inder verzog keine Miene.
Im selben Moment war Herr Hinkelmann zurück und reichte dem Inder den Zwanzig-Euro-Schein. Er bekam Rückgeld und übernahm die Alupäckchen. Nun hatte es der Inder eilig, zu seinem Auto zu kommen, und die Polizisten nahmen ihren Gesprächsfaden wieder auf.
„Sie haben den Kater Ihres Nachbarn also am späten Vormittag zum letzten Mal gesehen, Herr Hinkelmann?“, vergewisserte sich der große Polizist.
„Ja! So ist es! Aber wieso fragen Sie mich das eigentlich?
Was ist denn los?
Hat der Kater ein Verbrechen angestellt?“
Der Polizist schüttelte den Kopf.
„Nicht der Kater, Herr Hinkelmann. Mehr kann ich nicht sagen!“
In Herrn Hinkelmanns Kopf nahmen chemische Prozesse an Geschwindigkeit zu.
Also der Kloppstock! Um den geht es!
Er ist der Verbrecher!
Aber was?
Einbruch?
Vielleicht Diebstahl?
Oder sogar schlimmer?
Womöglich Mord?
Unglaublich!

Der machte ständig auf harmlos und war in Wirklichkeit ein Krimineller!
Und wohnte auch noch direkt nebenan!
Da musste er mehr erfahren, unbedingt!
„Geht es denn gar nicht um das Tier?
Aber Sie erkundigen sich doch so genau danach!
Das verstehe ich nicht!
Da muss es doch um das Tier gehen!
Oder?“
„Es geht nur indirekt um den Kater, sozusagen als Betroffener, Herr Hinkelmann!“
Der kleine Polizist zierte sich, entschloss sich dann aber, deutlicher zu werden:
„Herrn Kloppstock wird Tiermisshandlung zur Last gelegt!“
Wieder wand sich der Kleine wie ein Aal, bevor er den Rest der Auskunft ausspuckte.
„Ihr Nachbar hat ein Paket aufgegeben, in dem sein Kater verpackt war, in einer Glaskugel, und die Scherben sollten möglicherweise das Tier so schwer verletzen, dass es … naja, Sie wissen schon!
Man kann es sich ja vorstellen.“
Mit einer kurzen Handbewegung deutete er einen Halsschnitt an. Herr Hinkelmann war beeindruckt.
Also der Kloppstock!
Der war der Täter, über den im Radio berichtet worden war!
Der hatte sein Tier entsorgt.
Das hätte er dem Kloppstock niemals zugetraut, so viel Kreativität. Auf diese Information musste er jetzt angemessen reagieren.
Deshalb sagte er:

„In der heutigen Zeit wollen immer mehr Menschen keine Verantwortung für Tiere übernehmen.
Tja … so ist das, meine Herren.
Die Menschheit verroht!
Und die Leidtragenden sind die Haustiere.
Sie werden einfach entsorgt.
Da wird die DHL in ihrem Service bis zum Allerletzten ausgenutzt.
Man bezahlt Transportgebühren!
Entledigt sich ganz bequem!
Und ist fertig!
So einfach kann es gehen!"
Er beendete seine Ausführungen mit einem Gesichtsausdruck, der klar Verärgerung erkennen ließ, was ihm in seiner Situation auch überhaupt nicht schwerfiel.
Hatte er nicht gerade eine Entsorgungsmethode beschrieben, die Kloppstock als Pionier zumindest im Ansatz erfolgreich umgesetzt hatte, während er mit Siegesmund an der Backe als vertrottelter Depp dastand?
„Ja, so sieht es im Moment aus. Sie bestätigen uns ja den Zeitpunkt der Entsorgung durch Ihre Aussage, Herr Hinkelmann. Das Paket wurde zwischen 12 und 13 Uhr aufgegeben. Alles passt zeitlich perfekt zusammen."
Er reichte Herrn Hinkelmann zum Abschied die Hand, sodass dieser gezwungen war, die Alupäckchen einhändig zu balancieren.
„Haben Sie vielen Dank für Ihre Auskunft! Zur Protokollierung werden Sie in den nächsten Tagen aufs Revier eingeladen. Sie hören wieder von uns!
Bis dahin!"

Auch der Größere reichte Herrn Hinkelmann die Hand.
„Danke für Ihre Hilfe.“
Für Herrn Hinkelmann zeigte sich auf ganzer Linie, welchen Beitrag er zur Ermittlung beigesteuert hatte, nämlich einen ganz wesentlichen, wenn nicht den entscheidenden!
Das war zumindest ein kleiner Sieg gegen Kloppstock, wie er ihn nach der Niederlage bestens gebrauchen konnte.
Er fand jetzt abschließende Worte:
„Selbstverständlich stehe ich zu einem Protokoll jederzeit zur Verfügung, meine Herren!
Sie können sich auf mich verlassen! Auf Wiedersehen, meine Herren!“
Die Beiden waren auf dem Weg zur Straße, und Herr Hinkelmann wälzte angenehme Gedanken:
Gott sei Dank!
Jetzt geht es dem Kloppstock so richtig an den Kragen!
Das ist doch mal ein Erfolg!
Er hatte sich das Mittagessen als Belohnung rundum verdient und schloss die Tür, um mit seinen Päckchen in die Küche zu gehen.

Herr Hinkelmann muss der Wahrheit ins Gesicht sehen

Schon auf dem Weg in die Küche fiel Herrn Hinkelmann auf, dass Siegesmund verschwunden war.

War er nicht immer sofort zur Stelle, wenn es etwas Leckeres gab?

Wo er wohl steckte?

Herr Hinkelmann war fast enttäuscht, dass er seinem Kater nun nichts voressen konnte. Aus den Alupäckchen stieg ununterbrochen appetitlicher Essensduft auf, was sich noch steigerte, als Herr Hinkelmann die Alufolie entfernte.

Wie bei einem Ritual hob er einen Deckel nach dem anderen hoch, um ihn beiseite zu legen. Dann schichtete er noch sorgfältig die Deckel zu einem Stapel auf.

Das Chicken-Tiki-Taka verströmte einen exotischen Duft, der dazu angetan war, dass sich Herr Hinkelmann schon vor dem Verzehr im Hinblick auf die indische Küche ein anerkennendes Urteil bildete.

Ja, die Asiaten, die verstehen etwas von guter Küche.

Da kann deutsche Bratwurst mit Kartoffelsalat nicht mithalten!

Herr Hinkelmann holte nun aus dem Küchenschrank einen übergroßen Teller und entleerte nach und nach jede Schale: Fleisch mit Soße, Gemüsebeilage, Jasminreis, Extrasoße.

Dann legte er sich das Besteck bereit und setzte sich an den Tisch. Die gelblich weiße Soße überdeckte die reichlich bemessene Fleischportion. Die einzelnen Stücke hatten eine mundgerechte Größe. Es konnte im nächsten Moment losgehen. Er würde mit einer Testung der Fleischqualität beginnen.

Er musste sich nur noch die Qualitätsanforderungen vergegenwärtigen.
Fleisch darf nicht trocken sein und auch nicht zäh, am besten mager und auf keinen Fall faserig, setzte er vor dem ersten Bissen die Maßstäbe fest.
Mit der Gabel suchte er unter der Soße nach dem ersten und besten Fleischbrocken und stieß zu.
Widerstandslos glitten die Zinken in das Fleischstück.
Das fühlte sich erstmal gut an. Blieb die Frage, ob es auch so schmeckte.
Herr Hinkelmann schloss seinen Mund und kaute. Dabei war er ganz und gar auf das Fleisch konzentriert.
Zäh war es nicht, aber leicht trocken und keineswegs saftig.

Auch war es nicht faserig, aber doch überraschend anders, als es Herr Hinkelmann von Hähnchenfleisch gewohnt war. Während er kaute, entwickelte das Fleisch eine süßliche Note. Dabei schmeckte es gleichzeitig streng und abgelagert. Komisch, dachte Herr Hinkelmann, das soll Hähnchenfleisch sein?

Er konnte es nicht glauben und stach in einen zweiten Fleischbrocken, um ihn ebenfalls zu prüfen.

Das Ergebnis war dasselbe.

Herr Hinkelmann hielt in seinem Verzehr inne und legte Messer und Gabel aus der Hand. Vom Scheitel bis zur Sohle war ihm auf ganzer Linie unwohl.

Hatte er am Ende mit seiner Gabel mitten in einen Fleischskandal gestochen?

Die Meldung im Regionalprogramm sprach im Ganzen eher dafür als dagegen.

Jetzt hieß es aufpassen.

Ich werde doch wohl nicht einen der Kater oder Katzen von der Maschener Allee auf dem Teller haben!

Womöglich Amadeus!

Siegesmund kam ja leider nicht in Frage.

Der hatte noch vor wenigen Minuten neben dem Turbanmann gestanden, als der das Essen angeliefert hatte.

Der Gedanke hatte jede Menge Unerfreuliches, ließ sich aber nicht von der Hand weisen. Auch wenn der Kater jetzt verschwunden war, so konnte er sicher davon ausgehen, dass Siegesmund leider, und noch mal leider, nichts passiert war und dass er quietschlebendig entweder draußen durchs Gelände tobte oder unter irgendeinem Strauch im Garten faulenzte.

Keineswegs aber lag Siegesmund als Fleischbrocken vor ihm auf dem Teller. So viel war klar.
Stellte sich die Frage, wen er da zerlegt und heiß durchgegart vor sich hatte.
Wen?
Auch Amadeus kam ja nach dem Besuch der Polizisten nicht in Frage. Den hatte Kloppstock, so die Aussage der beiden Polizisten, offensichtlich in ein Paket gesteckt und zur Post gebracht. Und das Tier war nach seiner Rettung aus dem Paket, über die man durchaus geteilter Meinung sein konnte, vorübergehend in einem Tierheim untergebracht.
Da konnte Amadeus ja unmöglich von asiatischen Imbissbetreibern auf der Straße aufgelesen und in ihrer Garküche umgewandelt worden sein.
Oder was sollte man denken?
Dass asiatische Schnellimbisse ihr Fleisch regelmäßig aus deutschen Tierheimen bezogen?
Das doch wohl nicht!
Das war doch eindeutig des Guten zu viel.
Hier wurden für Herrn Hinkelmann zweifellos nicht nur Grenzen des guten Geschmacks überschritten.
Hier mussten auch gesundheitliche Erwägungen in Betracht gezogen werden.
Schließlich musste man davon ausgehen, dass zur Übertünchung des schwierigen Fleischaromas übermäßig viel Gewürz und ungesundes Glutamat zum Einsatz kamen.
Widerlich!
Nein, diesen Gedanken schob er ganz weit von sich.
Außerdem brauchte er Amadeus lebendig, und nicht als Fleischgericht.

Sich etwas anderes vorzustellen, als dass Amadeus im Tierheim untergebracht war, misshagte Herrn Hinkelmann. Letzten Endes fühlte er sich mittlerweile Herrn Kloppstocks Kater einigermaßen verbunden. Da war es wichtig, dass es dem Tier gut ging.
Amadeus lebte also hoffentlich noch!
Quasi zu seinem persönlichen Glück!
Fragte sich nur, in welchem Zustand und wo?
Tierheime gab es ja mehrere in der Stadt. Und den Ausführungen der Polizisten konnte er durchaus Glauben schenken. In irgendeinem Tierheim würde er also schon stecken.
Warum auch nicht!?
Außer das Tier hatte sich aus dem Tierheim sozusagen auf den Weg zu einem neuen und liebevolleren Zuhause gemacht.
Nur wohin?
Doch wohl nicht zu ihm!
So verbunden fühlte er sich denn doch nicht mit dem Tier.
Und Kloppstock kam ja wohl für Amadeus nach der Paketverschickung nicht mehr in Frage.
Da war der Kater aus Herrn Hinkelmanns Sicht hoffentlich nachtragend genug und betrachtete Kloppstocks Adresse, was Tierhaltung anbelangte, seit der gemachten Erfahrung als No-Go-Area.

*

Herr Hinkelmann beleuchtete die Paketverschickung jetzt von einer weiteren und völlig neuen Seite.
Was war der Kloppstock überhaupt für ein Typ?
Etwa ein ganz Abgebrühter?

So einer, der tagsüber auf tierverliebt schaltete, während er nachts den Schalter umlegte und sich die bösartigsten Quälereien ausdachte?
Eine gespaltene Person, die unmittelbar neben ihm wohnte!
Quasi ein Monster, das zu allem Überfluss auch noch direkt an der Grenze eine Garage bauen wollte!
Mit ausgeklügelter Dachform!
Wozu er die überhaupt brauchte?
Ging es überhaupt bei der Garage um die Unterbringung eines Autos?
Herrn Hinkelmann kamen jetzt erstmalig Zweifel.
Aber was an dem Mann war nicht ausgeklügelt?
Und natürlich unberechenbar!
Genauso unberechenbar wie sein Kater!

*

Herr Hinkelmann bemühte sich jetzt, seine Gedankenkaskaden wieder abzustellen, aber noch sickerte das eine oder andere gleichsam durch und plätscherte ungewollt über den Rand seines Gehirns.
In diesem Moment weiß ich noch zu wenig, um mir um Siegesmunds Ableben ernstlich Hoffnung machen zu können.
Da will ich mich lieber nicht zu früh freuen.
Sonst kommt später womöglich die Enttäuschung.
Aber wie sieht die Sache bei Amadeus aus?
Immer noch sprudelten seine Gedanken. Bezüglich Amadeus hoffte Herr Hinkelmann darauf, dass der Kater einigermaßen gesund war und in Kürze einem neuen Besitzer zugeführt wurde, der ihm natürlich nicht den Auslauf untersagte.

Aber was, wenn nicht? Wenn er doch zu Fleisch auf irgendeinem Teller geworden war?
Dann hatte es in jedem Fall den Falschen getroffen, so viel war klar.
Herr Hinkelmann starrte auf das Chicken-Tiki-Taka.
„Tja“, resümierte der Tierbesitzer vor vollem Teller, „da bin ich nach all dem Ärger mit Siegesmund jetzt auch noch Opfer der asiatischen Fleischmafia geworden, womöglich im doppelten Sinne, sollte die Turban-Bande zugeschlagen haben. Kein Mittagessen und auch kein zur Verfügung stehender Amadeus.
Als ob ich nicht schon genug Sorgen und Probleme hätte!
Auch hatte er immer noch das dringende Bedürfnis etwas zu essen. Nur was?
Hunger macht böse, ging es Herrn Hinkelmann durch den Kopf. Schon seine Mutter hatte das Sprichwort häufiger von sich gegeben.
Ob denn etwas Wahres dran war?
Er dachte nach.
Herr Kloppstock war immer böse, musste also dem Sprichwort zufolge immer Hunger haben.
Na ja!
Herrn Hinkelmann kamen Zweifel, ob die Zusammenhänge so einfach herzustellen waren.
Aber was war mit Amadeus und Siegesmund?
Böse und aggressiv war im Fall von Amadeus genau das Richtige. Da war lediglich sehr böse und sehr aggressiv noch besser.
Aber, und hier fand der Hase den Treffer, ein satter Amadeus war demnach ohne Frage ein sehr schlechter Amadeus.

Herr Hinkelmann beschloss nun, das Chicken-Tiki-Taka ausschließlich an Siegesmund zu verfüttern. Ein richtig satter Siegesmund und ein ausgehungerter Amadeus war genau die Paarung, die er jetzt zur Problemlösung brauchen konnte.
Aber wo war Siegesmund? Seit der Anlieferung jedenfalls wie vom Erdboden verschluckt.
Jetzt musste das Tier aber schnellstens her.
Er öffnete die Terrassentür und rief in den Garten:

„Si e e e ge sm u u u u nd!
Komm nach Hause!
S i i i e e e ges m u u u u nd?“

*

Versteckt auf seinem nicht einsehbaren Grundstück saß Herr Kloppstock unter dem Kirschbaum und hörte Herrn Hinkelmann nach seinem Kater rufen.
Dem Spatenbesitzer ging es nicht gut.
Die beiden Polizisten hatten ihn besucht und mit einer Sachlage konfrontiert, die ihm Rätsel aufgab. Nach Aussage der Polizisten sollte er seinen Amadeus in einem Retourenpaket verschickt haben, umhüllt von Milchglas.
Für Herrn Kloppstock war die Sache unglaublich, zumal sie auch noch strafbar war!
Dabei wusste er ja, dass er gar nichts gemacht hatte, außer in aller Sorgfalt ein Retourenpaket gepackt.
Wie einen Tierquäler hatten die beiden Polizisten Herrn Kloppstock behandelt.
Die Adresse des Tierheims, wo Amadeus untergebracht war,

hatten sie ihm zuerst gar nicht herausgeben wollen. Erst als er in Tränen ausgebrochen war, hatten die Polizisten dann doch Zweifel, dass es ihm vorrangig um eine Tierentsorgung gegangen war.
Und aus Tierschutzgründen hatte er sich zu allem anderen auch noch eine Anzeige eingehandelt!
Herr Kloppstock fragte sich, inwieweit eventuell Herr Hinkelmann seine Finger im Spiel hatte, fand aber keinen Pack-an. Er grübelte, aber ohne irgendeine logische Erklärung gebastelt zu bekommen, mit der er seinem Nachbarn die Schuld in die Schuhe schieben konnte.

Der traumatisiert wirkende Amadeus, den Herr Kloppstock nach Erhalt der Adresse umgehend abgeholt hatte, lag in gebührendem Abstand zu seinem Herrn auf der Wiese. Offensichtlich arbeitete das Tier noch an der Bewältigung seiner unfreiwilligen Abkapselung. Immerhin hatte der Kater eine dicke Stunde im Paket verbracht, ohne Fressen und ohne jede Zuwendung.
Das musste von Amadeus erstmal verdaut werden, womit das Tier intensiv beschäftigt war.
Es lag auf der Seite und leckte sich das Fell.
Voller Anteilnahme wurde der Kater von Herrn Kloppstock bei seiner Traumabewältigung beobachtet.
Als jedoch Herrn Hinkelmanns Stimme erschallte, änderte Amadeus sofort seine Strategie. Statt weiterhin Herrn Kloppstocks Augenweide zu sein, schaltete Amadeus auf geschmeidiges Entschwinden und war weg in Richtung Nachbargelände.

Herr Hinkelmann will es endgültig wissen

Kommt der noch? dachte Herr Hinkelmann und rief ein letztes Mal mit viel stimmlicher Kraft in den Garten:
„S i e ie ges mu u u u nd!“
Wo war das Tier?
Jedenfalls wusste Herr Hinkelmann, wo das Tier aller Wahrscheinlichkeit nach nicht war. In einem Paket.
Oder doch?
Gab es vielleicht noch mehr Nachbarn, die Glaskugeln mit tierischem Inhalt verschickten, um sich oder andere von einem lästigen Haustier zu befreien?
Gärten und Katzen gab es schließlich genug, und die Entsorgungsmethode war zugegebenermaßen genial!
Funktionierte aber nicht zuverlässig!

*

Herr Hinkelmann geriet in eine Denkschleife.
Hatten sich womöglich Nachbarn ausgetauscht und über Taktiken der Beseitigung geeinigt, und ihn hatte niemand mit einbezogen? Man hatte ihn bewusst ausgegrenzt, quasi wegen seines guten Verhältnisses zu Tante Friedas Kater, während sich um ihn herum und hinter seinem Rücken eine Tier-Mafia gebildet hatte. Lauter Katzen hassende Nachbarn, die es leid waren, verwüstete Beete und tote Vögel in ihrem Garten hinzunehmen!?
Möglich war es ja!
Vielleicht gab es sogar eingeweihte Fahrer bei der DHL, die mit im Bunde waren und gewisse Pakete mit gewissen Ge-

räuschen klammheimlich und in Mitwisserschaft einluden und dafür Schmiergeld kassierten?
Aber warum gerade der Kloppstock?
Wieso sollte der zu den Eingeweihten gehören?
Was war an dem Besonderes?
Und welche Rolle spielte dann Kloppstock in einem hoch wirksamen Geheimbund?
Er und sein Amadeus, den er zuerst im Paket entsorgt und den man kurz darauf doch noch gerettet hatte?
Und warum?
Und wer überhaupt?
Als Mitläufer kann ich mir den Mann durchaus vorstellen, aber bestimmt nicht als Anführer einer Beseitigungsorganisation, so chaotisch und unkooperativ, wie der ist!
Ist er also doch Einzeltäter, und es gab keine Mafia?
Nur diesen einsamen Frustrierten?
Diese Hassbacke!
Einen, der von seinem Tier die Nase so voll hatte, dass er knifflige Lösungen entwickelte und auch noch selbst Hand anlegte?
Weil er sich anders nicht zu helfen wusste.
Weil ihn sein Kater bis zur allerletzten Synapse nervte!
Fast ertappte sich Herr Hinkelmann dabei, so etwas wie Verständnis für seinen Nachbarn zu entwickeln.
Aber auch nur fast.
Jeder, der einen Kater besaß, konnte rein theoretisch betrachtet ein Leidensgenosse sein. Davon war auszugehen.
Also relativierte sich das Ganze im Hinblick auf Kloppstock wieder. Oder war alles doch bloß ein dummer Zufall, der sich dann in eine bestimmte Richtung entwickelt hatte?

Der Kater hatte sich freiwillig ins Paket gesetzt, weil er auf Tour gehen wollte, sozusagen um herumzukommen und um mal was anderes zu sehen als Kloppstocks langweiligen Garten?
Und der Garten war langweilig!
So ohne Teich und Goldfische!

*

Herr Hinkelmann stand auf, um unter dem Wasserhahn das Fleisch von der Soße zu befreien und dann in Siegesmunds Fressnapf zu legen. Den würde er draußen vor der Terrassentür abstellen und dann einfach warten. Irgendwann würde Siegesmund schon auftauchen und sich bedienen, da war er sich sicher. Er würde Siegesmund samt Fressnapf ins Haus holen und solange in der Küche einsperren, bis Amadeus auftauchen würde. Den satten Siegesmund würde er umgehend wieder nach draußen entlassen, und endlich würde der mörderische Plan aufgehen. So würde er erfolgreich vorgehen und dem Ganzen, das mittlerweile schon vierzehn lange Tage dauerte, das erwünschte Ende bereiten.
Hoffentlich!
Jetzt war Zeit für eine Pause auf dem Sessel neben der Terrassentür. Einschlafen durfte er bei dem, was er sich vorgenommen hatte, allerdings nicht. Aber kaum saß er, war er auch schon weg.
Keine fünf Minuten später war Kloppstocks Amadeus vor Herrn Hinkelmanns Terrassentür und bediente sich rücksichtslos aus Siegesmunds Fressnapf. Dabei konnte Amadeus nicht schnell genug die Fleischbrocken hinunterwürgen.

Auch war der Kater nach dem Paketaufenthalt froh, sich wieder in einem größeren Außengelände bewegen zu können, das aus seiner Sicht gern bis an Herrn Hinkelmanns Terrassentür und Siegesmunds Fressnapf reichte. Auf seinen eigenen Pfoten zu stehen und nicht gefährlich durchgeschüttelt zu werden wie bei seinem letzten Ausflug mittels DHL, tat dem Tier jetzt sichtlich gut.

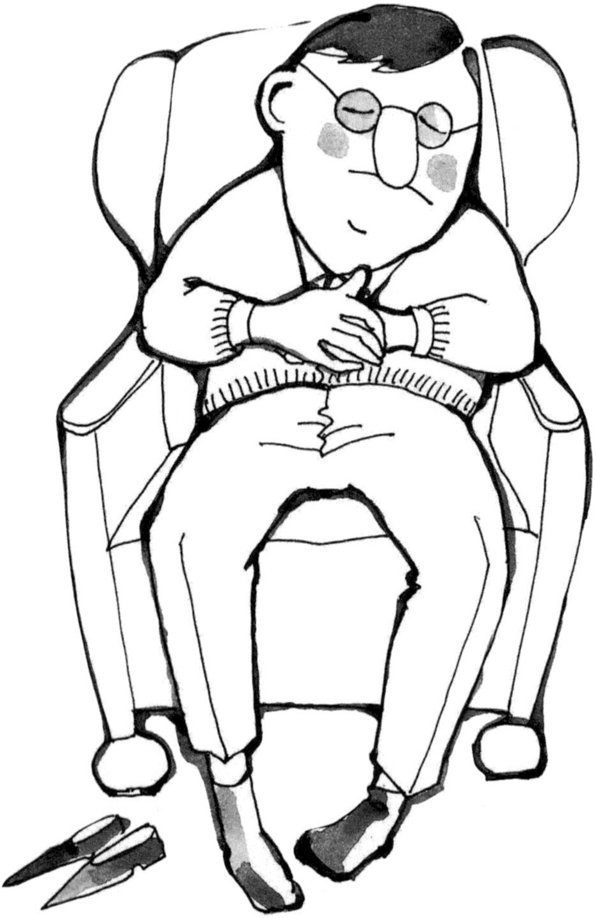

Herr Hinkelmann gerät in die hocherwünschte Lage

Gefährlich wurde es für Amadeus dann aber doch. Siegesmund hatte sich nach etlichen Verzögerungsminuten entschlossen, dem Ruf seines neuen Besitzers widerwillig zu folgen. Das Tier war solange lustlos nach Hause getrottet, bis es an der Hauswand vorbeischleichend über eine Maus im wahrsten Sinne des Wortes gestolpert war. Für Tante Friedas Sofakater eine völlig neue Situation, die ihn mit Aufgaben konfrontierte, die er nicht bis zur Perfektion eingeübt hatte. Daher war die Aktion eher dem Zufallserfolg unterworfen.

Von einer Sekunde auf die andere ließ ein angeborener Jagdimpuls das Tier erstarren, für einen kurzen Moment im Stillstand verharren und dann mit einem weniger gut platzierten Sprung mitten auf der Beute landen.
Und weil die Maus nicht unter Siegesmunds herabhängendem Bauchfell bleiben wollte, machte sie den Versuch zu entwischen, wodurch sie passgenau zwischen die Vorderpfoten des Katers geriet.
Das war Siegesmunds Glücksfall.
Reflexartig griff der Kater mit beiden Tatzen zu und packte sich die Maus umgehend ins Maul. Für den kleinen Nager keine Situation von der Wunschliste. Für Siegesmunds Selbsteinschätzung hingegen ein sofort wirkendes Upgrading. Der unverhoffte Jagderfolg stärkte als direkte Rückmeldung Siegesmunds Selbstbild.

Nun im Ganzen aufgebaut, zog er mit seiner Beute in Richtung Terrassentür, wo der Kater die Maus für einige Zeit weich spielen und dann als Geschenk ablegen wollte.
Eine Art Danksagung an Herrn Hinkelmann, dem sich Siegesmund nach Tagen seines Aufenthalts in seinem Katerherz inniglich verbunden fühlte.

*

Schon bog das Tier um die Hausecke und hatte den Blick frei auf Herrn Hinkelmanns Terrassentür.
Da wurde dem Mäusejäger schlagartig klar, dass sich an seinem Futternapf Ungeheuerliches abspielte.

Ein Fremdfresser an seinem Fressnapf.
Den Kater durchzog ein Ruck.
Auf einen Schlag im Ganzen aufgestachelt, richtete sich sein Fell in die Höhe. Katerschwanz und Rückenhaare signalisierten oberste Alarmstufe. Siegesmund stellte sich seitlich zum Gegner und rundete seinen Rücken zu einem Kampfbuckel. Dem Eindringling aus dem gegnerischen Kloppstock-Lager wurde so körperliche Überlegenheit angezeigt.
Das war eine Kampfansage, wie sie gefährlicher nicht sein konnte.
Fehlte nur noch das Kriegsgeschrei, und das kam jetzt aus dem Treppenhaus. Ein Kuckuck nach dem anderen sprang aus seinem Kuckuckshäuschen und brüllte nicht unbedingt zeitgleich zu seinem Mitstreiter einmal:

„Kuckuck!“
Es war ein Uhr und die Zeitansage war in

diesem Moment fällig. Die überraschende Mitwirkung der Kuckucke blieb aber nicht ohne Einfluss auf den Kater. Siegesmund fühlte sich durch die Vögel irgendwie unterstützt. Er setzte nun seinerseits dem akustischen Kuckucksknockout höchst persönlich etwas hinzu, nämlich einen aus tiefer Brust stammenden Heulton, zunächst leise angestimmt, dann aber in der Fortsetzung zu beeindruckender Lautstärke gesteigert. Der tierische Ton signalisierte volle Kampfpräsenz, leider mit der unerwünschten Nebenwirkung, dass der Kater die Maus fallen ließ.

Die wiederum machte leise „piep“ und flitzte um ihr Leben, erstmal in Richtung geschlossene Terrassentür.

Im nächsten Moment und für die Maus gerade noch rechtzeitig wurde einem himmlischen Wunder gleich die Terrassentür aufgerissen und Herr Hinkelmann schoss heraus, desorientiert und in Teilen seines Körpers immer noch mit dem Mittagsschlaf beschäftigt.

Sein Auftauchen war, was die Maus anbelangte, ein durchaus glücklicher Umstand. Sie rettete sich vor dem Kater durch die Tür und sauste in Richtung Treppenaufgang, wo sie dem letzten schreienden Kuckuck direkt ins Häuschen sprang, bevor dieser sich gemäß Kuckucksuhren-Mechanik die Tür vor der Kuckucksnase zuschlagen ließ. Das Mäuschen steckte zwar wieder fest, diesmal jedoch unter besseren Umständen.

Anders Herr Hinkelmann.

Der steckte zwar mit einem ersten Schritt seinen Kopf durch die Tür und war mit einem zweiten draußen, brachte sich aber durch sein Handeln in eine Verkettung schlechtester Umstände, die seinerseits nicht wirklich erwünscht sein konnten.

Amadeus fand gerade noch Zeit, sich halb herum zu dre-

hen und mit dem letzten Chicken-Tiki-Taka-Brocken in der Schnauze in Richtung Gebüsch zu schießen. Sein aufgewühlter Schwanz war der ganze Rest, den Siegesmund von ihm zu sehen bekam. Dann war Amadeus weg und hinterließ einen ins Leere beißenden Siegesmund, dem trotz sofortiger Verfolgung zum zweiten Mal die Beute abhanden gekommen war.
Auch Herr Hinkelmann war weiterhin irgendwie unterwegs und schien irgendwohin zu wollen, bis der Fressnapf unter seinen Fuß geriet. Etwa einen knappen Meter blieb der Aufgeschreckte schlindernd seiner eingeschlagenen Richtung treu, während er die ganze Zeit hoffte, dass die Sache für ihn gut ausgehen würde. Dann jedoch stoppte ihn etwas, das ihm entgegenlief und ihn unabwendbar zu Fall brachte.
Siegesmund, der zurückkehrende Kater!!
Von den schlechten Umständen der allerschlechteste.
„N e i n!“
Herr Hinkelmann bäumte sich ein letztes Mal auf. Aber es war schon zu spät!
„Sie ie ie g e e e s mu u u n d!!“
Sein Schrei war außerirdisch. Dann schlug er, auf ganzer Länge verdreht, zuerst mit dem Rumpf und dann seitlich mit dem Kopf auf.

Die Schallwellen seines Schreis erreichten Frau Adomeit bei geschlossenem Badezimmerfenster und trotz Handtuch über ihren Ohren mit einer solchen Heftigkeit, dass sie wie unter Elektroschocker zum Fenster hastete und ihren Kopf hinausstreckte, was für einen kurzen Moment die Glasscheibe zu verhindern versuchte. Chancenlos ging sie zu Bruch.
Das Geräusch der berstenden Glasscheibe wiederum riss Herrn Kloppstock aus seiner schläfrigen Mittagsstarre, ließ ihn aufspringen und setzte ihn schubartig in Bewegung, angepeitscht von dem Gedanken, sich das Drama unbedingt ansehen zu wollen.
Und bei „Drama" dachte Herr Kloppstock nicht an die zerlegte Fensterscheibe. Er dachte an Herrn Hinkelmann, wie der wohl dastehen würde, kopflos und panisch, aufgelöst in den Grundfesten seiner Persönlichkeit und bis zur Unkenntlichkeit zerknirscht, weil der Kater seiner Erbtante schon wieder etwas angestellt hatte.
Nur was, wusste er noch nicht. Deshalb machte er sich umgehend auf den Weg.

*

Bei Erreichen der Terrasse wurden seine Erwartungen dann allerdings noch übertroffen. Zu sehen war Herr Hinkelmann, ausgestreckt auf den Terrassenplatten.
Ausnahmsweise hatte er einmal die Oberhand über den Kater gewonnen, besser gesagt, das Oberbein, denn Siegesmund lag flach gedrückt unter Herrn Hinkelmanns Oberschenkeln.

Sein hängendes Bauchfell wurde dabei rechts und links gefährlich herausgequetscht, was dem Kater ein besonders schwer verunglücktes Aussehen verlieh.
Doch ging es ihm im Grunde genommen gut und besser, deutlich besser als Herrn Hinkelmann.
Der hatte sich die Rippen gequetscht und rang nach seinem spektakulären Schrei jetzt mühevoll um Luft. Wie ein Fisch am Strand.
Oder besser, wie ein sterbender Fisch am Strand, denn Herr Hinkelmann bewegte sich nicht. Er lag still da und machte nichts, außer dass er seinen Mund auf- und zusperrte.
Es war ein Anblick, dem sich Herr Kloppstock gern und genussvoll aussetzte, der ihn auf ganzer Linie in Verzückung versetzte.

*

Herr Hinkelmann wiederum, ob er nun wollte oder nicht, musste dies bei seitlich gedrehtem Kopf deutlich wahrnehmen, was bei ihm so ganz und gar nicht für Freude sorgte.
Und es schoss dem zu Fall gebrachten Tierhalter durch den Kopf:
Klar, was der Kloppstock jetzt denkt!
Der denkt, dieser arme Idiot, dass der den Kater nicht besser im Griff hat!
Aber jetzt hat er ihn ja fest unter seinen Oberschenkeln!
Das denkt der von mir!
Aber das lasse ich nicht auf mir sitzen.
Deshalb rang Herr Hinkelmann noch einmal gründlich um Luft und setzte zur Gegenwehr an:

„Das wird teuer, Herr Kloppstock!
Ein völlig ruinierter Kater!
Und wieder einmal ist Ihr Amadeus der Urheber des Übels!"
Noch immer blieb er bewusst in Bauchlage liegen, weil er in Bauchlage besonders angegriffen sprechen konnte.
„Von meinen Blessuren will ich da gar nicht reden, Herr Kloppstock, jedenfalls jetzt nicht, Sie hören ja, wie es mir geht", er schnappte anschaulich nach Luft, „hierzu hören Sie in Kürze von meinem Anwalt. Aber das Tier! Es geht um das arme Tier, das hier unter mir leidet und sich nicht mehr bewegen kann!"
Gern hätte er in diesem Moment den Kater zur Bekräftigung seiner Worte gestreichelt, sah aber durchaus die Möglichkeit, von Siegesmund gebissen zu werden. Er fuhr fort:
„Herr Kloppstock, es reicht! Wenn ein Tier zu Schaden kommt, dann hört der Spaß auf. Dann muss eingeschritten werden. Dann sollten und müssen … „
Jetzt platzte Herrn Kloppstock bei so viel Gefasel über Tierliebe der Kragen:
„Dann müssen Sie zuerst mal Ihre Oberschenkel von Ihrem Tier nehmen, das müssen Sie, anstatt mit dem Rechtsanwalt zu drohen. Sie murksen gerade unter Ihren Oberschenkeln Ihren eigenen Kater ab! Sehen Sie denn gar nicht, was Sie unter sich anrichten?!
Unter Ihnen segnet gerade Ihr Kater das Zeitliche!"

*

Augenblicklich hörte Herr Hinkelmann auf, nach Luft zu schnappen und gefror zur liegenden Salzsäule.

Hatte er richtig verstanden?
Unter ihm verstarb gerade das Problemtier?
Der Kater, zwangsläufig seiner, war dabei, sich nach und nach von der Welt zu verabschieden?
Einfach so!
Ohne mühevoll eingefädeltes Todesprozedere!
Ohne dass er auch nur irgendetwas dazutat?
Quasi von allein.
Er musste nur liegen bleiben und warten!
Einfach nur warten!
Bis es endlich soweit war!
Vielleicht war es sogar schon so weit!
Jetzt!
In genau diesem Moment!
Und er hatte es nur noch nicht begriffen, weil nicht mit eigenen Augen gesehen?
Weil sich nämlich das Entscheidende um einiges weiter unten abspielte, unter seinen Oberschenkeln, die allerdings von seinem Kopf weit weg waren, zu weit weg, um Siegesmunds Sterbephase in allen Etappen mitzubekommen.
Da konnte man schnell mal etwas verpassen, beziehungsweise die Lage der Dinge, in diesem Fall die Lage des Katers, völlig falsch einschätzen.
Dabei war es schon lange so weit!
Und das Tier musste gar nicht mehr weg, weil es schon weg war!!
Tot!
Mausetot!
Sang- und klanglos unter den höchst eigenen Oberschenkeln verschieden.

Und noch dazu unter rundum tragischen Umständen!
Schließlich hatte der Kater seine Lage selbst herbeigeführt.
Das musste er sehen.
Einfach nur kurz mal sehen.
Andernfalls würde er es dem Kloppstock nicht glauben.
Einem Nachbarn wie Kloppstock war nicht genug zu misstrauen. Der schiebt mir einen sterbenden Kater unter die Oberschenkel, nur um mich in Angst und Schrecken zu versetzen.

*

Unter lautem Stöhnen machte Herr Hinkelmann eine Drehbewegung und entlastete auf diese Weise für einen Moment seinen platt gedrückten Kater. Siegesmund ergriff sofort die Gelegenheit beim Schopf und rannte los und ins Haus, ohne sich um irgendetwas zu kümmern außer um sein eigenes Wohlergehen.
Und Herr Hinkelmann, zuerst verdattert, dann in seinen Befürchtungen bestätigt, aber weiterhin zu nichts fähig, schaute dem flüchtenden Weltwunder hinterher, diesmal gänzlich ohne Strategie und Worte.
Ein wiederauferstandener Kater!
Nicht zu fassen!
Da hatte er den Beweis: Kloppstock hatte ein weiteres Mal versucht, ihn zu linken, im Ganzen abzuziehen und über die Klinge springen zu lassen. Die Vertrauenswürdigkeit dieses Nachbarn war vorher nicht gegeben und jetzt immer noch nicht. Der Mann war, und daran bestand nach Faktenlage kein Zweifel, ein Tatsachenverdreher und Falschspieler vor dem Herrn.

Und Herr Kloppstock gehörte zu der übelsten Sorte.
Herr Hinkelmann entschloss sich, die beleidigte Leberwurst zu geben, kommentarlos aufzustehen und sich mit hängenden Schultern in sein Haus zu schleppen.
So viel Rückgrat musste sein.
Schließlich handelte es sich bei der gemachten Nachbarschafts-erfahrung um eine menschliche Tragödie im Schlussakt, die genau so geendet war, wie bei Tragödien üblich, in einer Katastrophe nach entsprechender Fallhöhe.
Nach seinem Sturz tat ihm nahezu alles weh, und er musste sogar seinen Brustkorb mit beiden Händen abstützen, um ihn vor Erschütterungen zu schützen.
Allerdings, was den Konflikt des Dramas betraf, war die Sache klar! Der Konflikt war seit Beginn der Handlung nach wie vor da!
Und keineswegs gelöst!
Für ihn ein Trauerspiel wie es trauriger nicht sein konnte, und das musste er Kloppstock in aller Klarheit mittels bewusst eingesetzter Körpersprache vermitteln.
Mit vermeintlich letzter Kraft überwand Herr Hinkelmann die Türschwelle, wobei er sorgsam darauf achtete, dass er ab und an ein gepresstes „Aua“ fallen ließ.
Sein demonstrativ angeschlagenes Auftreten hielt Herrn Kloppstock dennoch nicht davon ab, zu einem kräftigen Schlusshieb auszuholen:
„Na, da haben Sie als Ethiker aber noch mal Glück gehabt, dass Ihr Ethikobjekt so gut davongekommen ist. Es kann sich ja noch ganz prächtig auf seinen vier Pfoten halten. Das war nicht abzusehen bei der Quetschlage! Da hatte offenbar ein Dussel so richtig Dusel.“

Was für ein vernichtendes Wortspiel! Herr Hinkelmann hatte die Botschaft sofort verstanden.
Kloppstock hatte die s-Laute schließlich bewusst sauber artikuliert, um keinen Sinnzweifel an seinen Worten entstehen zu lassen.
„Sehen Sie es so, Herr Hinkelmann: Das Tier hätte tot sein können!“

*

Hätte! Hätte!
Über den Konjunktiv war Herr Hinkelmann den ganzen Tag noch nicht hinausgekommen.
Und das musste doch endlich einmal aufhören!
Er knallte die Terrassentür hinter sich zu und deutete mit einer geeigneten Zeigefinger-Stellung gegen seine Schläfe bei geschlossener Tür an, dass er vor seinem Nachbarn Ruhe haben wollte. Schließlich war einer Fortsetzung der Kommunikation jedwede Basis entzogen.
Bei einem derartigen Fehlschlag gegen Tante Friedas Kater erübrigte sich aus Herrn Hinkelmanns Sicht sogar, dass er seinen Nachbarn mit geeigneten Worten von seinem Privatgelände warf.
Da war jede zusätzliche Anstrengung nichts als sinnlose Kraftverschwendung.
Und die Polizei?
War auch keine Lösung!
Dazu hatte er zu lange auf seinem Kater gelegen.
Sollte der Kloppstock doch in seinem Garten stehen bleiben, bis er schwarz wurde. Und Wurzeln schlagen würde er ja

wohl nicht, dazu fehlten ihm letztlich die Voraussetzungen.
Der konnte ihn jetzt mal.
Und zwar gründlich.

Was Herrn Hinkelmann jetzt half, war eine Totalregenerierung seines geschundenen Körpers oben im Studio.

Herr Hinkelmann findet keinen Frieden

Allein schon der Aufstieg ins Studio sorgte bei Herrn Hinkelmann für leidliche Erholung.

Hatte er nicht eine wunderschöne Sammlung an Regulatoren?

Wie aus einem Uhrenmuseum empfand er Tante Friedas seltene Stücke, allerdings mit dem Vorteil, dass er sie immer unmittelbar um sich hatte. Sie schmückten den Treppenaufgang, wo er sie jederzeit betrachten konnte und natürlich aus nächster Nähe hören. Er musste sie nicht mühsam im Museum besichtigen.

Da tickten und pendelten Sammlerexemplare aus Eiche oder Kirschbaum, schnurrten mit ihren Rädern und Rädchen, gongten wohltuend und läuteten Stunden ein, manche sogar halbe Stunden. Einige Regulatoren besaßen sogar das herrschaftliche Big-Ben-Läutwerk, eine variierende Abfolge verschieden tönender Glocken, die in Herrn Hinkelmanns Ohren reine Musik waren.

Zur vollen Stunde gaben sie jeweils vor den durchgezählten Hauptschlägen eine Melodie zum Besten, in Nachahmung des Geläuts der Westminster Kathedrale von London.

Ein Hochgenuss für den verwöhnten Sammler.

Da waren die Kuckucksuhren (Herr Hinkelmann war heute noch froh, dass es nur vier waren und nicht mehr) lediglich

kleinbürgerliche Uhrmacherkunst aus dem Schwarzwald, einigermaßen witzig gemacht, weil über eine für die meisten Menschen undurchschaubare Mechanik bunte Holzvögelchen bewegt wurden, die allerdings in peinlicher Weise, und anders war ihr lächerlicher Kuckucksschrei nicht zu bewerten, regelmäßig alle sechzig Minuten aus dem Häuschen gerieten.
Ihr nervtötendes Gekuckucke zu ausnahmslos jeder vollen Stunde war bestenfalls für technisch interessierte Ornithologen eine geeignete Form der Zeitansage.
Aber auch nur bestenfalls!
Und Tante Frieda?
Wie war die einzuordnen?
Vier voll funktionsfähige Kuckucksuhren beantworteten da ja schon die Frage!
Für Tante Frieda offensichtlich auch, obwohl sie gar keine Ornithologin gewesen war, sondern Souffleuse im Stadttheater Quakenbrück. Allerdings hatte sie während ihrer Arbeit, und da ließ sich eventuell der Bezug zu den Kuckucksuhren herstellen, in einer Art Holzhäuschen gesessen, zur Bühne hin offen, und hatte zwar nicht Kuckuck geschrien, aber immerhin doch Sätze oder Teilsätze, obschon nicht lauthals wie die Kuckucke, sondern immer unbedingt im Flüsterton.
Aber … Tante Frieda hin oder her!
Herr Hinkelmann spürte keinerlei Leidenschaft für Schwarzwälder Uhrentechnik und rückte die Kuckucksuhren hinsichtlich ihres Beliebtheitsgrades für sich auf den vorletzten Platz, also in der Reihenfolge direkt über den letztplatzierten Siegesmund.
Wo hatte der sich eigentlich verkrochen?

Doch wohl nicht wieder ganz oben? In seinem Studio?
Leider sah es ganz danach aus!
Während Herr Hinkelmann im Treppenhaus an Höhe gewann und er seine Augen am Anblick der Regulatoren weidete, ein Genuss, für den die Kuckucksuhren nicht in Frage kamen, weshalb er sie auch zuunterst, nämlich direkt über der Fußleiste aufgehängt hatte, stieg seine Stimmung.
Oben angekommen, würde er erstmal abschalten und die Beine hochlegen. Er brauchte einen ausgedehnten Moment der Stille.

*

Da klingelte das Telefon. Widerwillig nahm er ab.
„Ja? Hinkelmann!"
„Trollscheidt, von der Sparkasse Quakenbrück, spreche ich mit Herrn Heribert Hinkelmann?"
„Ja, sprechen Sie!
Worum geht es, Herr Trollscheidt?"
„Es geht um ein Schließfach hier in unserer Bank, das Ihrer verstorbenen Tante gehört hat."
„Aha?!"
„Aber bevor wir weitersprechen, sollten Sie mir zur Sicherheit den Namen Ihrer Tante nennen, damit Sie sich mündlich ausweisen und ich sicher sein kann, dass ich auch mit der richtigen Person über das Schrankfach spreche."
Der vorgetragene Zweifel an seiner Identität kratzte an Herrn Hinkelmanns Selbstbewusstsein. Er legte los:
„Tante Frieda war ihr Name, Frieda Steinhauer geborene Pontifiori. Sie stammte aus Neapel, war also Neapolitanerin,

aber ob Frieda ihr wirklicher Name war, als Neapolitanerin passt er ja nicht, kann ich gar nicht mit Gewissheit sagen. Vielleicht hatte sie ihren Vornamen ja auch angenommen, um Kontakte zur italienischen …"

„Danke, das reicht schon Herr Hinkelmann. Mir reicht der Name, bitte keine weiteren Details aus dem Leben Ihrer werten Tante. Die Angelegenheit ist schon heikel genug."

Heikel?

Herr Hinkelmann war sofort alarmiert.

Heikel hatte er schon zur Genüge.

Das brauchte er nicht noch zusätzlich.

Heikel hatte er schon den ganzen Vormittag gehabt.

Er fühlte sich genötigt, sofort nachzufragen.

„Ich hoffe, Tante Frieda hat nichts angestellt, ich meine, bevor sie der Tod ereilte.

Dafür erachte ich mich dann aber nicht mehr verantwortlich. Es reicht schon, dass ich ihren Kater am Bein habe. Den aus der Erbmasse, an dem ich nicht vorbeigekommen bin, weil er in die Wanduhrensammlung quasi einfloss und darin verstrickt war."

Der Sparkassenangestellte war umgehend um Besänftigung bemüht.

„Nein, nein, ich kann Sie beruhigen, Herr Hinkelmann, Ihre Tante hat nichts angestellt, jedenfalls nicht in dem Sinne, wie Sie es befürchten. Sie hat etwas eingestellt, also ich meine in besagtes Schrankfach gestellt.

Aber natürlich keinen zweiten Kater, auch in dieser Hinsicht kann Sie beruhigen.

Allerdings ist das Fach leider nicht leer, Herr Hinkelmann."

Er räusperte sich.

„Wie wir nach der Abwicklung der Erbangelegenheit der Erblasserin Steinhauer geborene Pontifiori feststellen mussten, gab es zusätzlich zu ihren Konten noch ein Schließfach, das aber nicht offiziell, damit meine ich im Testament, benannt war. In der Folge wurde es bei der Abwicklung der Erbschaftsangelegenheiten zu meinem persönlichen Bedauern übersehen."

*

Worauf der Mann wohl hinauswollte?
Gut konnte es nicht sein!
So viel war klar!
Denn Tante Frieda war Zeit ihres Lebens eine schillernde Figur gewesen, eine waschechte Italienerin, die nicht nur in ihrem Holzkasten gesessen und geflüstert hatte. Natürlich hatte sie auch ein Leben vor der Zeit im Holzkasten gehabt, und dieses Leben hatte es in sich gehabt.
Du liebe Güte!
Was da nicht alles getratscht worden war.
In aller Regel beweislos und immer total aufgebauscht.
Als Souffleuse im Stadttheater Quakenbrück hatte sie erst viel später gearbeitet, nach der Heirat mit Onkel Oswald, und der hatte gar nicht geschillert, sondern sein Geld bis zu seinem Tod als Maurer in einer Putzkolonne verdient.
Oder etwa nicht?
War der weiße Maureranzug womöglich nur Tarnung gewesen? Hatte er gar nicht gemauert, sondern war einem ganz anderen Gewerbe nachgegangen?
Überhaupt keinem Baugewerbe?

Zum ersten Mal kamen Herrn Hinkelmann Zweifel, und er weitete seine Überlegungen aus.
Die Herkunft der Uhrensammlung hatte, was einige Stücke betraf, durchaus bis zuletzt im Dunkeln gelegen, wie eigentlich die ganze Tante, die eines Tages aus dem Nichts aufgetaucht und der Verwandtschaft völlig unvorbereitet als Onkel Oswalds italienische Braut vorgestellt worden war.

*

„Herr Trollscheidt, es wäre gut, wenn Sie sozusagen zum heiklen Punkt kommen könnten."
Die Stimme am anderen Ende der Leitung räusperte sich mehrere Male hintereinander, als wäre ihr das nun Folgende mehr als peinlich:
„Ja, sicher, Herr Hinkelmann, ich weiß nicht, wie ich es anders machen soll, ich sage es einfach gerade heraus:
Im Schrankfach Ihrer Tante haben wir eine volle Tüte Lebkuchenherzen gefunden, weitestgehend unberührt, d.h. wir vermuten, dass kaum etwas fehlt. Genau können wir es natürlich nicht sagen. Allerdings steht uns als Bank eine Begutachtung eingelagerter Wertgegenstände nicht zu.
Das obliegt einzig und allein Ihnen in Ihrer Funktion als Erbnehmer."
Nach dieser schwerwiegenden Mitteilung hatte Herr Trollscheidt Schweißperlen auf der Stirn.
Zum ersten Mal in seiner Laufbahn als Angestellter der Quakenbrücker Sparkasse hatte er es mit einem verderblichen Schließfachinhalt zu tun.
Eine vererbte Tüte Saison-Backwaren in einem Schrankfach,

das hatte es bisher noch nicht gegeben. Das war für Herrn Trollscheidt mehr als bizarr. Daran änderte auch die Herzform des Gebäcks nichts.

„Lebkuchenherzen? Im Schrankfach?“

Herr Hinkelmann traute seinen Ohren nicht, behielt aber die Fassung.

„Lassen Sie mich raten!

Natürlich mit Schokoladenüberzug, nicht wahr? Und vermutlich mit Kirschfüllung!

Ich nehme an: Piemont-Kirschen!“

„Kirschfüllung?“

Herr Trollscheidt reagierte vorsichtig, aber dennoch kundenorientiert.

„Darüber wäre ganz entschieden nachzudenken. Selbstverständlich wäre es vorstellbar und nicht von der Hand zu weisen, dass die Lebkuchenherzen etwas in sich tragen. Das wäre dann natürlich genauer zu untersuchen. Im Vorfeld möchte ich dazu und kann ich dazu nichts sagen. Was die Füllung der Backwaren betrifft, müssten Sie sich hier vor Ort schon selbst ein Bild machen. Am besten durch eine zeitnahe Verkostung.“

Typisch Bankangestellter!

Umständlich bis auf die Knochen und wenn es um zu verbürgende Inhalte geht, niemals aussagefähig, nicht einmal bei Lebkuchenherzen!

Der Sparkassenkunde bleibt im Regen stehen, beißt entsprechend ins Ungewisse und das Geldinstitut ist fein raus.

Kundenfreundlich war auf jeden Fall anders, da war sich Herr Hinkelmann jetzt sicher.

Er sagte:

„Im Moment bin ich zeitlich sehr verplant. Ich schaue aber

bei Ihrer Bank vorbei, sobald ich Luft habe.“ Er griff sich bei dem Wort „Luft“ mit beiden Händen an den Brustkorb.
„Da müssen die Lebkuchenherzen ein bisschen warten. Oder spricht eventuell das Verfallsdatum der Herzen dagegen?“
„Das werde ich für Sie selbstverständlich gern überprüfen, Herr Hinkelmann. Ich denke aber, dass es um das Verfallsdatum gar nicht geht, denn die Backwaren müssen ja nicht zum Verzehr eingelagert worden sein. Möglicherweise war das Datum schon zu Lebzeiten Ihrer Tante abgelaufen. Man weiß ja nicht, aus welchem Grund Ihre werte Tante die Lebkuchenherzen weggeschlossen hat.
Da sind viele Gründe denkbar.“
„Ja, das stimmt! Das sind Gesichtspunkte, die nicht von der Hand zu weisen sind.
Vielen Dank für Ihren Anruf, Herr Trollscheidt. Ich sage Ihnen telefonisch Bescheid, wann ich vorbeischaue, um Tante Friedas Schrankfach samt Inhalt erbmäßig mit Ihnen gemeinsam abzuwickeln.“
„Gut, Herr Hinkelmann, dann bis zu Ihrem Anruf!
Auf Wiederören.“

Herrn Hinkelmann geht ein Licht auf

Das Telefonat blieb bei Herrn Hinkelmann nicht ohne Nachwirkung. Zweifellos gab Tante Friedas Schrankfach mit dem lächerlichen Inhalt Rätsel auf.
Bestand etwa ein Zusammenhang zu Siegesmund?
Hatte der Kater Tante Frieda ebenfalls etwas weggefressen, so wie ihm den Ziegenkäse, nur dass Tante Frieda es nicht geschafft hatte, sich dem Problem „Siegesmund“ so konsequent entgegen zu werfen wie er es gerade eben noch auf der Terrasse getan hatte.
Durchaus möglich!
Da konnte er sich mit seiner Strategie deutlich besser des Problemkaters erwehren und war ohne Frage klarer in der Abwicklung der Beseitigung.
Tante Frieda hatte lediglich ein Schrankfach angemietet und ihre Backwaren vor dem Kater in Sicherheit gebracht.
Quasi reine Selbstverteidigung.
Vermutlich war sie dann regelmäßig zur Bank gegangen und hatte, von Siegesmunds Anwesenheit befreit, genascht.
Abwegig war das alles nicht!
Es machte Sinn!
Der Kater hatte Tante Frieda zum Naschen regelmäßig aus dem Haus und auf die Bank getrieben. Quasi immer um die Weihnachtszeit herum, weil es Lebkuchenherzen ja nur in der Advent- und Weihnachtszeit gab. In dieser Zeit war sie dann ständig gependelt, die arme Tante.
Arme Tante?
Aber warum hatte sie das Problemtier einem Erben mit in die Erbmasse gegeben?

Etwa, weil der Erbe bekanntermaßen keinen Lebkuchen mochte und daher auch niemals welchen kaufte?
Sozusagen um Rache am Kater zu nehmen, weil er auf diese Weise für alle Zukunft vom Lebkuchen abgeschnitten war?
Denkbar war es!
Aber nicht rundherum überzeugend.
Irgendetwas stimmte hier nicht und machte überhaupt keinen Sinn!
Aber was?
Es musste noch eine andere Erklärung geben, eine Erklärung, die im Grunde genommen absolut abwegig war, weil sie nämlich entgegen aller bisher gemachten Erfahrung einmal nicht auf das Konto des Problemtiers ging.
Siegesmund war also tatsächlich ausnahmsweise mal raus.
Oh, Wunder!
Zumindest vorläufig.
Da muss es noch eine völlig andere Erklärung für den Schrankfachinhalt geben, auf die ich noch nicht gekommen bin.
Etwas, das zum Beispiel mit der Form des Gebäcks zu tun hatte.
Herzform!?
Oder dem Inhalt!
Der war unbekannt!
Vielleicht, aber nur vielleicht, war es ja wirklich eine Kirschfüllung!
Oder etwas ganz und gar Anderes.
Herr Hinkelmann dachte sich regelrecht fest und blieb an der Herzform hängen.
Hatte er nicht auch bei den Regulatoren Zierelemente in

Herzform gesehen? Nicht beim Innenleben der Wanduhren, da arbeiteten keine Herzen, sondern mechanische Werke, aber äußerlich. Beim Gehäuse oder auf den Pendeln?
Genau konnte er es nicht sagen, aber dunkel und zuunterst in seinem Gedächtnis war da eine Erinnerung abgespeichert, etwas Herzförmiges, über das er sich gewundert hatte, als er die Uhrensammlung an die Wand gebracht hatte.
Vielleicht auf einem der Zifferblätter?
Bei Herrn Hinkelmann machte sich Unruhe breit.

*

Er stand auf und ging zum Fenster. Er sah, wie draußen der gelbe Kastenwagen des Glasers vorbeifuhr. Frau Adomeit hatte offensichtlich den Glaser-Notdienst in Anspruch genommen, denn das Fahrzeug kam aus ihrer Richtung. Herr Hinkelmann verharrte noch einige Zeit in seiner Stellung, mit Blick auf Straße und Bürgersteig.
Da erspähte er Amadeus, wie er hinter dem Wagen des Glasers in aller Ruhe die Straße überquerte.
Sofort konzentrierten sich Herrn Hinkelmanns Überlegungen auf Siegesmund und das unerledigte Kater-Abschaffungsprozedere:
Biss, Abszess, Schluss.
War das überhaupt noch zu schaffen?
Siegesmund steckte irgendwo im Haus, und er musste das Tier erstmal ausfindig machen, bevor es abgeschafft werden konnte. Klar!
Er würde sich den Todeskandidaten schon irgendwie schnappen.

Auch klar!
Aber es kostete Zeit und Kraft.
Zeit, die er nicht hatte, denn der Schließfachinhalt saß ihm jetzt auch noch im Nacken und wartete auf eine Begutachtung.
Wie spät war es eigentlich?

*

Herr Hinkelmann stieg die erste Treppe hinunter und blieb vor einem schwarzlackierten Regulatorengehäuse stehen.
So gut wie zwei Uhr.
Das war nicht so spät, wie er befürchtet hatte. Er konnte sich also auf der Stelle des Themas Herzform annehmen und die Uhrensammlung abwärts abschreiten.
Der zweite Regulator hatte ebenfalls nichts Herzmäßiges zu bieten.
Dann eben Uhr Nummer drei oder vier! Und so weiter!
Er würde sich nach und nach jeden Regulator genauestens anschauen.
So viel Zeit muss sein.
Schließlich hatte er es mit Uhren zu tun.
Aber die ersten zehn Wanduhren ließen keinen Zweifel aufkommen. Hier war kein Herz versteckt, auch nicht ins Holz geschnitzt oder auf dem Metall eingraviert. Es waren herzlose Regulatoren, die unablässig tickten und munter und herzhaft ihre Pendel hin und her schwangen.
Aber er war noch nicht fertig.
Herr Hinkelmann ging weiter abwärts, wobei er die Kuckucksgehäuse bestenfalls mit einem herablassenden Blick streifte.

Er wusste eben: Die gemeine Kuckucksuhr hatte kein Herz, auch kein aus Holz geschnitztes. Die bunte Vielfalt dieser süddeutschen Machart, beruhte auf einer Stilistik, die man als floral überbordend bezeichnen konnte.
Dazu reichlich braune Holzbeize und an langen Ketten erhängte Tannenzapfen, die langsam nach unten stürzten, bis sie aufgezogen werden mussten, weil wieder einmal die Zeit um war.

Und plötzlich war die Zeit um, nämlich abermals eine ganze Stunde, die wie im Flug vergangen war. Eine Tatsache, die im nächsten Moment Auswirkungen zeigte.
Zuerst war eine einsame Kuckucksuhr in Aktion, wie sie zwei Uhr kundtat. Das wildbunte Holzvögelchen sprang, an einer Spiralfeder gehalten, ins Freie und haute seine Information raus:
„Kuckuck!“ und noch einmal „Kuckuck!“

Schon meldeten sich alle herrschaftlichen Regulatoren mit Big-Ben-Vorgeplänkel nahezu gleichzeitig und in vollem Getön auftrumpfend.
Jetzt war der Höhepunkt an Lautstärke erreicht, weil nun ausnahmslos jeder Regulator beteiligt war und sein Bestes gab, nur die drei Kuckucksuhren nicht. Ihre Wohnstätten wirkten verlassen und geradezu vogelfrei.
Was war denn mit den geschnitzten Vögeln los, dass sie stumm blieben?
Waren sie nicht zu Hause oder wollten sie bloß nicht, dass sie sich so verspäteten?
Oh ja, sie wollten!
Und wie sie wollten!

Schon im nächsten Moment randalierten alle Vögel nahezu gleichzeitig. Eine Schwarzwälder Uhr nach der anderen spuckte ihren Kuckuck aus. Um Sekundenbruchteile versetzt, kuckuckten sie ihren ersten Schrei in Herrn Hinkelmanns Treppenhaus, quasi als Schluss bildender Nachklapp zu den anderen Wanduhren, die schon fertig waren.
Und nicht nur das!
Aufgeschreckt vom wildgewordenen Holzvögelchen im Uhrenkasten, geriet das weggesperrte Mäuschen erstmals in seinem Schwarzwälder Rückzugsort in Bedrängnis.
Aus Sicht des kleinen Nagers war die Aktion des hölzernen Mitbewohners kaum zu verstehen. Da sprang ein toter Vogel übertrieben lebendig aus seinem Häuschen heraus und sinnloserweise gleich wieder hinein.
Eine bedrohliche Situation, die das Mäuschen nicht ertragen wollte. Deshalb nutzte das Tier den zweiten Kuckucksauftritt zu seiner Flucht und sprang panisch aus der Uhr. Es trat ohne jede Besinnung seinen Fluchtweg an, der das Mäuschen direkt an Herrn Hinkelmanns Füßen vorbeiführte.

Das aufgewühlte Mäuschen lief in seiner Not aufwärts, die Treppe hinauf und direkt in die Fänge des Problemkaters, der soeben herunter geschlichen kam und gar nicht wusste, warum er reflexartig zugegriffen hatte.
Aber er hatte.
Ein kurzes Zusammenführen der Vorderpfoten, einmal Schnauze aufreißen und rapp-zapp hatte Siegesmund die Maus in seinem Gebiss und hielt sie erstmal fest.
Herr Hinkelmann war beeindruckt.
Da hatte Tante Friedas Sofakater zum ersten Mal etwas geleistet.
Etwas Sinnvolles!
Kaum zu glauben!
Und bei der Vorgeschichte nicht zu erwarten!
Nun feierten schubweise wundersame Gedanken bei Herrn Hinkelmann ihre Adventszeit. Nach und nach lichtete sich Herrn Hinkelmanns Sicht auf Siegesmund wie eine Tannenschonung vor Weihnachten. Bäumchen für Bäumchen wurde gefällt, bis nur noch die blanke Wiese übrig war, und Herr Hinkelmann gleichsam mit Durchblick auf den Kater dastand.
War es denn möglich?
War das Tier gar nicht so schlimm, wie es immer tat?
Gab es unentdeckte Seiten an Siegesmund, die er als Neu-Tierhalter nicht für vorstellbar gehalten hätte?
Vielleicht!
Beispielsweise das Tier als Helfershelfer im Haus, als nützliche Unterstützung bei Beseitigungsaktionen.
Und bei den Beseitigungsaktionen ging es dann erstmals nicht um den Kater selbst.
Und es war sogar noch mehr vorstellbar!

Das Tier als Nützling für draußen war ebenfalls nicht abwegig. Jedenfalls nicht nach aktueller Sachlage.
Schlussendlich gab es im Gartengelände auch Mäuse, die immer wieder beseitigt werden mussten.
Und Siegesmund war, wie Herr Hinkelmann gerade deutlich sehen konnte, weil der Kater ganz realistisch mit Maus in der Schnauze vor seinen Füßen stand, zu dieser Art von Dienstleistung vollumfänglich geeignet.
Und wie!
Hatte das Tier nicht bravourös reagiert!?

Herr Hinkelmann war ein kleines bisschen erschüttert.
Die ganze Zeit, während Regulatoren getickt und Kuckucke die Zeit gekuckuckt hatten, war Herr Hinkelmann auf dem Holzweg gewesen und hatte Siegesmund hinsichtlich seiner kreatürlichen Bestimmung völlig verkannt.
Dieser Irrtum war auf ganzer Linie schockierend!
Und unverzeihlich!
Jetzt war Herr Hinkelmann noch viel erschütterter. Er setzte sich auf eine Stufe und hatte schon fast Tränen in den Augen.

Mit leicht angefeuchtetem Blick schaute er auf den Kater, der in diesem Augenblick samt Maus näher an sein Herrchen heranrückte, sodass Herr Hinkelmann anerkennend sein Fell streicheln konnte.
„Oh, du liebes Tier“, murmelte der Fassungslose, „wie sehr habe ich mich in dir getäuscht.“
Siegesmund hielt still und ließ sich zur Belohnung bereitwillig im Nacken kraulen. Aus Sicht des Katers war diese Art der Behandlung schon lange überfällig.
Hatte das Tier sich nicht schon seit Längerem perfekt eingelebt?
Auch bei den Mahlzeiten!

*

Bei Herrn Hinkelmann begann nun eine Erkenntnis zu dämmern. Immer heller wurden die Grautöne, die Schritt für Schritt an Strahlkraft auf Siegesmunds Katerdasein zulegten und das Haustier in neuem Glanz erscheinen ließen.
War Siegesmund nicht das eigentliche I-Tüpfelchen auf Tante Friedas Wanduhrensammlung?
Schließlich kümmerte sich der Kater höchst persönlich um die Reinhaltung der Uhrengehäuse und schnappte sich zuverlässig das Ungeziefer!
Die Tatsachen waren nicht von der Hand zu weisen und ließen den Zusammenhang zwischen der Uhrensammlung und Tante Friedas Kater in einem neuen Licht erstrahlen, im Fokus eines Scheinwerfers, der Kater und Wanduhren sozusagen zusammenführte und in ihrer Funktion zu einer zweckmäßigen Einheit bündelte:

das Tier als Nützling.
Verstand er nicht in diesem Moment zum ersten Mal die testamentarische Verfügung seiner guten alten Tante in ihrer ganzen klugen Dimension??
Oh ja, Tante Frieda!
Jetzt verstehe ich!
Die Dinge sind anders, als ich gedacht habe!
Das Tier muss gar nicht weg!
Und Herr Hinkelmann fasste einen endgültigen Entschluss, der sein Katerproblem auf einen Streich und für alle Zukunft beseitigte:

Das Tier bleibt hier!

Die Autorin:

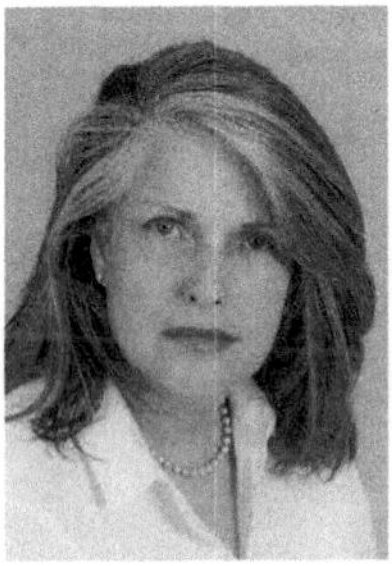

Ann Louise Preuß hat selbst einen Kater, der sich seit Jahren mit Käse verwöhnen lässt.
Diese Erfahrung und die Freude am Verfassen humoristischer Geschichten hat aber noch nicht ausgereicht, um „Hinkelmanns Welt“ entstehen zu lassen.
Hinzu kommen noch weitere Aspekte wie ein vorausgegangenes Literaturstudium (Germanistik, Anglistik) und ein gemütliches Zuhause, das sich seit etlichen Jahren in Mecklenburg-Vorpommern befindet.
Hier, wo die Autorin in landschaftlich idyllischer Umgebung zum Schreiben kommt, ist sie weiteren kreativen Menschen begegnet, so auch der Illustratorin Andrea Sommerfeld.
www.annlouisepreuss.de

Die Illustratorin:

Die selbständige Kommunikations-Grafikdesignerin Andrea Sommerfeld wohnt und arbeitet in Güstrow (Mecklenburg-Vorpommern). Seit 25 Jahren beschäftigt sie sich mit gestalterischen Arbeiten der Druckvorstufe mit Schwerpunkt Buchsatz/Illustration sowie der Gestaltung allgemeiner Druckartikel. Darüber hinaus sucht sie für sich stets neue Herausforderung im Bereich der Skulpturengestaltung, Malerei und dem Porträtzeichnen. Ausstellung 2006 in Bad Doberan.
www.andrea-mannke.de